JN000266

リーダーシップは、
OSではなく
アプリみたいなもの
かもしれない。

――と言われても、「なんのこっちゃw」と
ワケがわからなくなるかもしれんが、
この本は「リーダーのための本」という堅いものではない。

クラスの学級委員になったり、
修学旅行の班長になったり、
なにかのリーダーになったり、
本当は、リーダーシップは、
あらゆる人にとって、すごく身近なものだから。

だからみなさんが、
リーダーシップという「重力」から
解放されてほしい、
身がまえず、もっと気楽に、自由に、
リーダーシップを楽んでほしい、
と考えて書いてみた。

あ、そういえば、
リーダーになるのに、資格っていらなくないか？
正解がないのに、「リーダーとしてこうあるべきだ」
という重力みたいなもんに、引っ張られてるんちゃうか？

自分の周り３６０度、重力がない宇宙空間。
無重力でふわふわ漂っているようなものだ。

ほな、自分自身が
引力を持てばええやん。

この本を読み終えたときに、
なぜ「無重力リーダーシップ」というタイトルをつけたのか、
わかってくれるとうれしい。
肩の力が抜けて、もっと気楽になっていて、
読む前よりも、人生がもっと楽しくなっているだろう。

いざ、「無重力リーダーシップ」の世界へ。

無重力リーダーシップ

ZERO GRAVITY LEADERSHIP

リード・イノベーション
代表取締役
礒谷幸始
Yukiharu Isoya

CROSSMEDIA
PUBLISHING

はじめに

リーダーシップという「宇宙」へようこそ

さて、突然だが、あなたが「リーダーシップについての本を書いてほしい」と言われたらどうするだろうか？

ぼくも正直、そう言われて困った。リーダーの経験はそれなりにある。立命館大学アメフト部時代には大学史上初の日本チャンピオンになったこともあるし、チームを崩壊させた「しくじりリーダー」だったこともある。日本ＩＢＭでは27歳からマネジメント職につき、現在もなおマネジメント職――リーダーシップを発揮する仕事をやっている。そんなぼくも、突然「リーダーシップについての本を書いてほしい」と言われ、こうして困っている。

それはなぜか？――なぜなら、いまの時代にぴったりハマる答えがない気がするからだ。

多くの人は、この答えを手に入れようと、本を読んだりネットで調べたり

ＳＮＳや動画を見たりするだろう。リーダーシップについての本なら、古くはローマ時代の『自省録』に始まり、マキャベリにナポレオン・ヒルにドラッカー、松下幸之助に稲盛和夫など、さまざまな「名著」がある。いまやネットを見れば、いろいろな人が「こうあるべき」と持論を述べている。それでも、答えにたどりつくのは無理なのではないか？——まるで、宇宙をさまようみたいなものだ。

普通の本ではあまりやらないことだが、ぼくはビジネスコーチなので、問いを立てながら進めていきたい。

さっそく一つ目の問いだ。次の四角に入る言葉はなにか。

Q

AI時代のリーダーシップとは、［　　　　］である。

みなさんはこの問いに対し、どんな答えを出すだろうか？　さあ、この答えを知りたいなら、続きはウェブで！……と、いつもなら言うところなのだが、これはあくまで本なので、この問いを読者のみなさんと考えていきたいと思う。
この問いの前にまず考えたいのが、「リーダーシップとはなにか？」ということだ。

本書では、リーダーシップとはなにか、どうすれば得られるのかをみなさんと一緒に考え、「無重力リーダーシップ」という、ＡＩ時代に求められるリーダーシップの新しいあり方について、ぼくなりの考えを話していきたい。

ドラッカーや松下幸之助や山本五十六は「こうしなさい」と語っている。でも、いまの時代にそれが効くのだろうか？——昭和の時代はよかったかもしれない。五十六さんの考えもそれは大事だと思うが、本でもネットでもメディアでもリーダーについての情報があふれているこの時代、五十六さんの言ったリーダーシップ論がいいのかと考えてみると、参考にはなるかもしれないがそうではないかもしれない。

リーダーシップとは本来、もっと自由でいいはずだ。なのに、自由だからこその不自由さがあるようにぼくは思う（これについては、本章でくわしく話していきたい）。

にもかかわらず、多くの人は「こうあらねばならない」「こうしなければならない」という重力にとらわれている。

でも、その「リーダー像」って正しいのだろうか？

いろいろと謎かけみたいな質問をしてきたが、先ほどの「ＡＩ時代のリーダーシップとは［　　　　］である。」という問いの答えは、この本を最後まで読んだときに、あなたらしい解をつくっていただきたい。

本書の随所には、みなさんへの問いをちりばめている。ちゃんと解答欄もつくったので、いちど立ち止まってその問いと向き合って、あなたなりの解を書き込んだうえで次に進むと、いろんな気づきがあるよ。

みなさんが本書を通じて「無重力リーダーシップ」というアプリを、自分のＯＳにインストールできるように、そしてもっと気楽に、かまえず、楽しくリーダーシップを発揮できるように――いよいよ「無重力リーダーシップ」の話を始めていこう。いったん最後まで読んでみて、合わなければアンインストールしたらいい。

人材開発、すなわち人の教育を本業としているぼくは、クライアント経営者たちと教育論について議論することもしばしばある。そこで、「日本の教育を変えたほうがいい」という声を多く耳にする。

ぼくは決していまの教育がダメといっているわけでなく、もっとみんなが主体的になればいいなと思う。そのためには、リーダーシップが必要になってくる。だから、リーダーシップというものをもっと気軽に発揮できるようにしたい。子どもの頃から「無重力リーダーシップ」というアプリをインストールできれば、それが叶うのではないかと思う。

学校の先生とかどこかの社長とか誰か偉い人の言った「リーダーはこうあるべき」なんて押しつけを受け入れるのではなく、自分でアプリに触れておくことが大事なんじゃないか（ぼくは「〜べき」という押しつけに対し、「インタラクティブにコミュニケーションしたらええやん」と思っている）。

「無重力リーダーシップ」という考え方を知れば、きっとなにかが変わる。だから本書によって、一人ひとりがリーダーシップを自由に発揮できる社会になったら、日本という国はもっとよい国になるのではないかと思っている。

第1章

「無重力リーダーシップ」とはなにか？

第2章

「無重力リーダーシップ」を実装する
――ブラストとモメンタム

第3章 「無重力リーダーシップ」が社会を変える

―おわりに―

第1章

「無重力リーダーシップ」とは。なにか？

「リーダーシップ」からどんな言葉が想像できるだろうか？

「リーダーシップの本を書いてほしい」といわれたときに、そもそもぼくの頭に「リーダーシップ」とはなにか？という問いが浮かんだ。これならわかりそうな気がする。みなさんのなかにも、「これが正解なんじゃないか」と思う解が出てくるだろう。

そこでぼくは、この本の出版プロジェクトチームのメンバーに、「リーダーシップと聞いて、どんな言葉をイメージしますか？」と聞いてみた。これまでにビジネス書を何冊も編集しているプロフェッショナルな方々だし、それはそれはすばらしい答えが返ってくるだろうと期待していた、が――。


「うーん、メンバーをゴールまで引っ張っていってくれる力」

「上に立って、的確な指示ができる能力とか」

「チームのモチベーションを高めるためのスキル」

「問題を解決して、みんなの能力を引き出せる人のこと」

「なんとなくみんながついていく、素敵な人？」


そうそうそれそれ、リーダーシップってそうだよね――って、ようわからん（笑）。プロの編集者でもこんなもんなんだ、へー……と、ぼくはみんなの答えになんとなく納得した。

たしかに、どの答えもリーダーシップのひとつのイメージを表現している気はする。きっと出版プロジェクトチームのみなさんは、プロとしてリーダーシップを研究しているぼくに対し、それぞれの経験から考える「正解」を答えたと思う。

でも、なんかちゃう。スッキリ感はない。

困ったぼくは、この令和の時代の強い味方、われらがＡＩ氏に尋ねてみることにした。きっと彼なら、幅広い見地から役に立つ回答をしてくれるに違いない。

さっそく「リーダーシップからどんな言葉をイメージしますか？」と入力してみると――ほんの数秒で出た。まじか。

先導する力：リーダーは、グループや組織を導き、目標達成に向けて推進する力を持っています。
決断力：リーダーは、困難な状況でも決断を下し、責任を負うことができます。
カリスマ性：リーダーは、人々を惹きつけ、動機づけ、団結させるカリスマ性を持っています。
コミュニケーション能力：リーダーは、効果的にコミュニケーションをとり、自分の考えやビジョンを明確に伝えることができます。
問題解決能力：リーダーは、問題を分析し、解決策を見つける能力を持っています。

革新性：リーダーは、新しいアイデアを生み出し、変化を推進する革新性を持っています。
人間関係構築能力：リーダーは、人々と良好な関係を築き、信頼を得ることができます。
倫理性：リーダーは、倫理的に正しい行動をとり、公正で公平であることを重視します。
ビジョン：リーダーは、明確なビジョンを持ち、そのビジョンを実現するために努力します。
情熱：リーダーは、自分の仕事に情熱を持って取り組んでいます。

——ちなみにこれは、ぼくが問いかけたときの回答そのままをコピペしたものである。さすがＡＩ氏、それぞれ「なるほど！」という答えを、ずらっと並べてくれている。プロジェクトチームのメンバーの回答に、近しいことが書いてある。でもやっぱり、しっくりこない。
これらすべてを備えたリーダーって、誰やねん。

たしかに、「なるほど！」となる解答ではあるが、同じくらい「ふーん？」っていう感じもあるような……。みなさんは、これを見てどう感じただろうか？

想像してほしい。

Q

あなたにとって、先のページにあった、AI氏が答えた要素をすべて兼ね備えたリーダーとは誰だろうか？

思いつく限り、あなたの知っている人の名前を書き出してみよう。

A.

みなさんはどんな人物を思い浮かべるだろうか？　マンガや映画のキャラクターだった人も多いのではないかと思う（ぼくの場合は『ＯＮＥ ＰＩＥＣＥ』のルフィだ。だって、「おれは海賊王になる」って、かっこええやん）。

もちろん、これらをすべて兼ね備えたリーダーがいるなら、ぜひお会いしたい。ぼくの知らないところには優れたリーダーがきっといると思う。おすすめのリーダーがいたら、ぼくに紹介してほしい。尻尾を振って会いに行く。

でも実際には、ＡＩが並べたのは、どれも優等生の模範解答みたいな答えばかりで、うなずくことはできても、自分がそうなれるか？というのとは別問題。まるでイリオモテヤマネコやな。少なくともぼくの場合、これを全部身につけるなんて、まったくできそうにない。

では、このＡＩ氏の回答のどこが「ちょっと無理」なのだろうか？　理由は三つある。

一つ目は、求めるものがあまりにオールラウンドで、ひとりの人間にはとうていすべてを備えられそうもないからだ。

人間、誰しもパーフェクトではない。だからこそ人間は美しい。ほとんどの人が欠点だらけで、できることよりできないことのほうが圧倒的に多い、というのが正直なところだろう。

それを、やれ決断力だ、コミュニケーション能力だ、カリスマ性だ、情熱だ、革新性だ……と一度に言われても、全クリできない無理ゲーみたいなもんでしょ。

二つ目は、並べられたリーダーシップのイメージがどれも「べき論」であり、「〜ねばならない」という押しつけがましいニュアンスを持っているからだ。

リーダーたるもの、カリスマ性がなければならない。

リーダーであれば、決断力を備えていなければならない。
リーダーになるなら、革新性がなければならない。

……はいはい、ごもっともやけど、そうグイグイこんでもええやんけ。そんなに「〜ねばならない」と言うんやったらオマエがやれや、うっさいボケ、と言いたくなるやん。

そもそも、「〜ねばならない」って、キツくないかい？　リーダーシップって、そんなに我慢して身につけたいもんか？　だって、「〜ねばならない」って、なんか納豆混ぜてるみたいやん。

三つ目は、みんなOS論を語りすぎじゃないか、ということだ。たしかに、OSのバージョンアップもときには必要だが、それには電源とWi-Fiと時間が必要。要は、大変だということだ。知ってる？　大変って「大きく変わる」って意味よ。みんな、そんなに大きく変わりたくないんちゃう？

この時代を生きる人たちは、大きく変わることを求めているのだろうか？　ちなみに、読者のあなたへ——今後の人生に大変さを必要としているかい？

リーダーシップというのが先ほどのＡＩ氏の答えのようなものだとすれば、ぼくを含めて凡人たるもの、これをカンペキに身につけるのはまず無理だ。やれるものならやってみたい。でも、大変そうだからめんどい。

こう考えると、一見正しいリーダーシップを身につけるのは、まるで重力何十倍の宇宙船の中で、人指し指１本で腕立て伏せをするようなもんちゃうか。ぼくが子どもの頃に見ていた、大好きだったマンガの主人公のようだ。

みなさんはどうだろうか？　一見正しいリーダーシップのイメージを見て、大変な思いをしてまで身につけたい、と思うだろうか？

これからはＡＩの時代だ。昔なら、「リーダーとしてとるべき行動は？」なんて悩んだときには、上司や先輩に聞いたり本を読んだりする、というのが普通だった。そうして「とるべき行動」を暗記していた。でも、いまならＡＩ氏に「リーダーとしてあるべき行動は？」と聞けば、秒で答えが出てくる。

「お、今日は1on1の日か、どうしようかな……。あ、検索しちゃえばいっか」というリーダーは、世の中の至るところにいるだろうし、それである程度は解決する（とはいえ、いまでもAIに聞かずに周囲に聞いたり調べたりするリーダーもいると思うけど）。

では、ここで問いを出そう。

Q AI時代に必要なリーダーとは、どんなリーダーだろうか？

A.

なぜ、「リーダー像」は2000年間同じなのか？

みなさんの周囲を見渡してほしい。そもそも、社会にはいろいろな世代がいる。その世代によって価値観がまるで違う。

インターネットの登場で、時代は大きく動いた。あなたは中学生の頃、好きな子に連絡をとりたいとき、どのようにコンタクトをとっていただろうか？

ぼくの時代は、学校の連絡網からその子の家に電話をかけた。するとお父さんが出て、思わず「やばい」と思って電話を切ったことがある。このヒヤヒヤ感、経験したことはあるかい？

昭和に生まれた人ならこのヒヤヒヤ感を覚えているだろうが、当時はスマホがなかった時代である。待ち合わせするときには、駅の掲示板にメモを残していた。いまでこそ「もう着いた」「あと十分で着く」とリアルタイムでやりとりできるが、「○時に渋谷のハチ公前で！」と約束したら、ずっとそこで待っているしか方法はない。まるで全人類が忠犬ハチ公状態だ。

一方、いまの時代はC to Cでダイレクトにコミュニケーションをとれる時代。むしろ知らない人であっても、SNSというプラットフォームを使って気軽に情報交換ができる。

そもそもリーダーシップというのは、誰かとコミュニケーションをとる方法だ。ツールひとつをとってもここまで進化したのに、みなさんが想像する「リーダー像」だけは、昔から変わらないなんて、おかしくないか？

ぼくは、リーダーシップとはぼくたちが考えているよりもずっと「自由」で、そのためにかえってつかみにくく「不自由」な存在になっているように思う。つまり「自由ゆえの不自由さ」が、リーダーについて考える際の難しさにつながっているのではないだろうか。

たとえば、ぼくは起業を目指す人に対するスクールをやっているのだが、よく問いかける質問がある――「さあ、目標設定をしてみましょう。ご自由にどうぞ」と。すると、たいていの受講生は凍りつく。


「え、……1年ですか？　それとも3年？」

「知らん。ご自由にどうぞ」

「えーっと……売り上げのことで？　それとも社員数とか？」

「知らん。ご自由にどうぞ」

「目標って、いつの時点で……？」

「知らん。ご自由にどうぞ」

「……。どうしたらいいんですか？」

「みなさん、目標設定したことあります？　起業したいんですよね？」

「はい！」

「じゃあどうぞ、目標設定」

場は、再びシーンとなる――そこでぼくは言う。

「自由って大変ですよね。それが起業なんです」

――これは、自由なものがいかに不自由かを物語るわかりやすい例だと思う。

もっと身近な例で言うなら、たとえばみなさんが「さあ、自由に自己紹介してください」と言われたら、どのように自分を紹介するだろうか？――たいていは「何分の尺で？」「誰を相手に？」などと考えるだろうし、会社名や所属部署、仕事の内容を話すくらいで終わるだろう。「自由に自己紹介していい」と言われているのに、これは非常に不自由だ。

ぼくは、これを「自由の不自由さ」と呼んでいるが、リーダーシップにも同じことがいえる。これこそがリーダーについて考えるときの不自由さにつながっているのだが――それでは、いま、ぼくたちに求められるリーダーシップとは一体どんなものなんだろうか？

そういえば、娘が小学生の頃、「ねえパピー（我が子にぼくはこう呼ばれている）、アンパンマンって正義の味方なの？」と聞かれたことがある。

アンパンマンは毎回、ばいきんまんに「アンパンチ！」と暴力をふるい、それでもよい子みんなのヒーローとされている。もちろん、ばいきんまんが「悪いこと」をしているから、という理由はあるのだろうが、それを同じように暴力でやっつけるヒーローなんて、本当に正義の味方といえるのか？

そもそも、ばいきんまんがやっている「悪いこと」というのも、アンパンマン側の勝手な決めつけで、ばいきんまんには彼なりの理屈や生き方がある。なかなかお茶目な奴なのだ。

アンパンマンの世界では、アンパンマンのリーダーシップが「正しい」と描かれているが、ばいきんまんのリーダーシップは正しくないのだろうか？

アンパンマンみたいな奴が現代の会社組織にいたら、最初の1回2回は組織のはみ出し者に対して優しく説き伏せるかもしれないが、言うことを聞かなければ即アンパンチ！というやばい奴である。そもそもアンパンマンは、カレーパンマンとしょくぱんまんという取り巻きを連れているのに、ばいきんまんはさみしい奴だと思う。

「アンパンマンって、暴力を振るうから悪いんじゃないの？」――娘のなにげないこの質問によって、コーチとしての新たな異なる視座が手に入った気がする。娘よ、ありがとう。

リーダーやリーダーシップについても、これと同じようなことがいえるのではないだろうか？　ぼくたちは、リーダーというと会社のエラい人とか学校の先生とか、立場が上の人がリーダーであると考えがちだが、じつはそういうことではない。

たとえば、みんなで宴会をするとしよう。いつ、どこで会を開き、誰と誰を集め、予算はいくらくらいで、なにを食べるか？――そういった決めごとを任されるのは、会社などではだいたい新人だ。

その場面では、宴会を仕切るリーダーはまぎれもなく、その新人である。また、宴会当日、それぞれのテーブルに集まったメンバーで飲みものを決めようというときに、「なに飲む？　ビールの人！」なんて声をかける人も、そこでは立派なリーダー役だ。鍋が運ばれ、「最初は出汁の出る肉や魚から、野菜はあと、あと！」なんて言う鍋奉行だって、その場のリーダーといえるだろう。

ただし、「自分は飲み会とか行かないから」「鍋奉行なんてやらないよ」という人もいるかもしれない。けど、プライベートでもリーダーシップを発揮する場面はたびたび現れるものだ。

たとえばプロポーズの場面では、どちらかがその場を主導して「結婚しよう」と言う。リーダーになる確率は2分の1だ。子どもが生まれれば、親となってリーダーシップを発揮しなければならない。「俺は結婚しないぜ」という人でも、親の葬式では喪主というリーダーとなって指揮をとらなければならないはずだ。

そんなふうに、リーダーというのは仕事だけでなく、人生のあらゆるシーンに現れるものであり、その場の役割で誰もが自然に引き受けるときがくるだろう。そうなれば、がぜん「リーダー」というものを身近に感じるはずだ。

ここまで考えて、どうだろうか？――「たしかに！」と感じはじめたのであれば、みなさんはすでに「無重力リーダーシップ」の入口に立っているのかもしれない。

ここで、お子さんをお持ちの全国のパパ・ママへ――子育てに関する問いをプレゼントしよう。

Q

子どもに「アンパンマンみたいに、悪をやっつけるヒーローになりたい」と言われたら、あなたはなんと答えるだろうか？

A.

「リーダーシップがある人」とは、どんな人なのだろうか?

「宇宙空間に漂っている自分」を思い浮かべてほしい。そこには、あらゆる重力はない。上下はもちろん、前後左右、どこからもあなたを引っ張る力はなく、まったく自由に広大な宇宙空間を漂っている。

脱力したままふわふわふわといられる状態は、地球上にいて、その強い「重力」に引っ張られている状態とはまるで違う、自由なあり方といえるだろう。

ここで、リーダーシップを「重力」にたとえて考えてみると、これまで常識とされた「正しさ」や「〜ねばならない」というのは、地球でいえば上から下に働く重力を表現しているように感じる。

川は上流から下流にしか流れない。会社でいうと、個人のビジョンがあって会社のビジョンがある。それを会社のビジョンのために、自分を犠牲にしろというのは、無茶な話だ。

「うちの会社は古い体質だから」という人がいるが、ぼくは、これは嘘だと思う。ぼくたちの社会ではひとつの会社、あるいは組織、チームで、リーダーシップは一方向に働きがちだ。つまり、中心へ向かって上から下へと引っ張る形になる。それは重力のようなもので、その力はとても強く、なかなか逆らえない。ぽんとジャンプしたところで、また地面に引き寄せられてしまう。

だけど今の時代、「重力＝リーダーシップ」は必ずしも一方向だけに働くことはない。広い広い宇宙のような空間だと考えれば、上も下も、前後も左右もないわけだ。

リーダーシップは、どこかに向かって無理に引き寄せられたりはしない。ただ同じように漂う相手――それぞれが異なる「小宇宙」へ近づいたときだけ、お互いの引力によってふわふわと接近し、上へ下へ、前へ後ろへ、右へ左へ、360度を自由に動いてはまた離脱して、宇宙を漂いつづけていくだろう。

それはじつに自由で、枠にはまらない重力＝リーダーシップとの付き合い方ではないだろうか？

え？　「リーダーになんか、なったことない」って？　そんなことないで。過去の自分を見つめてほしい。

Q **あなたの人生で、「リーダー」ではなく、「リーダーシップ」を発揮した体験とはなにか？**

A.

たとえば、年齢や役職が上だからというようなこととは関係ない。発揮する場面も、仕事上の関係ばかりでなく、先ほど挙げたような宴会の幹事や鍋奉行でもかまわない。

ちなみに、我が家では外食の店を決めるときにリーダーシップを発揮するのはふたりの子どもである。ココイチかサイゼリヤか、結果として「チーズバーグディッシュが食べたいんだもん」と言ってびっくりドンキーになることがほとんどだが、これだって立派なリーダーシップだ。

要は、重力から自由になれば、リーダーシップは人生のあらゆる場面で必要だということにも気づけるのではないだろうか。

Q あなたのリーダーシップを言語化すると、どんなリーダーシップだろうか？

A.

――ここで答えたアンサーが、あなたが発揮する「リーダーシップのクセ」だ。

「トイレ、一緒に行かない？」「誕生日パーティーしよう」「帰ったらオマエんち集合な」と友達を誘うなど、リーダーシップを発揮した経験はなにかしらあるだろう。

組織論的に「フラット」というには全方位的で、発揮される方向もその場の状況に応じて上から下へ、下から上へ――当面の目的しだいで変わっていいという、こうしたあり方は、いわゆる「ティール型」的なスタイルに通じるともいえる（そこではときに、リーダーシップを働かせるよう、こちらから重力を加えることも必要かもしれないが）。

一方向に無理やり引き寄せられることがないのだから、そこに漂うみなさんには重力＝リーダーシップを発揮するための「絶対解」はなく、「〜ねばならない」という、「べき論」的な押しつけも必要ない。

だったら、意識してかまえることなく、必要に応じて必要な「リーダーシップ」というアプリをダウンロードしたらええやん。

それぞれが近くにいる相手と発揮すべき重力を交わし合う、そういう関係を考えれば、リーダーシップの概念は大きく変わる。

方向も、力の働かせ方もさまざま――「正解」がないのだから、間違ったリーダーシップというのも考える必要がない。昭和時代の加齢臭がするやり方でも、平成時代のホーチ(放置)ング方式でも、令和の過保護ちゃん型でも、そこで求められる限り発揮していい。

だから、リーダーを任される場面では、あまり堅苦しく考えず、できるだけ力を抜いてほしいと思う。これは、本書を通じてぼくがみなさんに強く伝えたいことのひとつである。

ただ、重力空間が正しいという世界もある。たとえば、もしあなたが上場を目指す会社の経営メンバーだとすると、証券取引所が「こうすべき」という上から下の組織図をつくり、管理監督責任を明らかにしておく必要があるので、誤解なきよう(ちなみに、そうしなければ上場は難しい)。

OSをバージョンアップしてもいいし、いまのOSに適したアプリをインストールしてもいい、ということだ。この場合、OSというのはみなさんが漂っている宇宙(仕事・暮らし・人生……)そのものであり、大切なのは、その場その場で、どの方向へ、どのように重力を働かせればいいかという、いわばアプリの選択の問題なのだから。

たとえて言うなら、宇宙全体にはそれぞれ重力の働き方が違う小宇宙があり、求められる重力＝リーダーシップのあり方が異なる、ということだ。それを上手に判断できるのが、無重力リーダーシップの条件といえるだろう。

そこでは当然、さまざまな目的と働き方のアプリが、自分のなかにできるだけたくさんあると便利になる。

ひとつのやり方や固定した方法にこだわることなく、目前の状況をよく観察し、持っているアプリのどれをどう使うべきかを見極めること。それが無重力な時代のリーダーシップだ。

なぜ、「リーダーシップ」に資格がないのか？

リーダーになるのに資格は必要ない——この本の冒頭で話したことを、みなさんは覚えているだろうか？　そんな最初のページに書いたことなんて忘れている人もいるかもしれないけど、これって実は怖いことなんやないかとぼくは思う。

なんで、リーダーシップに資格がないのか？　これを機に考えてみた。たいていの資格は、まあ資格ビジネスだからという面もあるけど、取得するには筆記なり実技なりの試験がある。そうすると「この回答は○」「これは×」と、明確に判断されることになるからかもしれない。

マルバツをつけるためには、「リーダーはこうあるべき」という「べき論」というか、判断基準がなければならない。そういうのはもう通用しなくなっているということが、みんなわかっているからじゃないだろうか？

ググってみると、マネジメントには資格があって、昇格試験みたいなものがある。「ビジネスマネジャー検定試験」「ビジネスマネージメント資格認定試験」「ロジカルシンキングマスター認定試験」「メンタルヘルス・マネジメント検定試験」なんて試験がヒットしたけど、どんな問題が出るんやろ。

ただ、マネジメントとリーダーシップは別だ。この本のテーマはリーダーシップであって、マネジメントではない。

言葉のとおり、マネジメントは「管理」で、あるフレームワークがあって、それにのっとって「あるべき姿」「すべきこと」がある。「マネジメントをする人」が「マネージャー」だ。

リーダーシップは違う。その仕組みのなかでどうすべきか――どうやって成果を出していくか、という話だ。だからリーダーは、管理はしない。両者はまったく違うものなのだが、混同している人が多い。

ぼくがかつていたＩＢＭだと、リーダーは「育成できる能力」が問われ、その能力の強化が重視される。「ＩＢＭにおけるリーダー像」が定義づけられていて、彼らのなかの「べき論」があり、「コーチング力」が求められていた。

最近では時代的に「コーチ型リーダーシップ」が求められているようだが、それにもやっぱりメリットとデメリットがある。さて、ここで「リーダーシップの型」に関する問いを出そう。

Q

「コーチング」「ティーチング」「コンサルティング」「ホーチング」

それぞれのリーダーシップの違いは？

たとえば、営業で部下から次のような相談を受けたとき、

あなたはどう答えるだろうか？

例：「部長、相談があります！　今月の数値目標、届きそうにありません。

案件の数が足りません……。どうしたらいいですか？」

A.

●ティーチング（teaching）型による解決の場合

●コンサルティング（consulting）型による解決の場合

●コーチング（coaching）型による解決の場合

●ホーチング（hoaching）型による解決の場合

この問いの答え（仮）は、こうだ。

A.

●ティーチング型リーダーシップ

「案件数を増やすにははには行動量が足りないから、訪問数を2倍にしよう」

●コンサルティング型リーダーシップ

（プロセス介入して各プロセス上の問題を洗い出したうえで）

「解決策の選択肢はこれとこれとこれがある、

そのなかでこれがベストだから、これをやったらいいよ」

●コーチング型リーダーシップ

「案件数の積み上げに対して、課題はなにか？」

（と、問いを出す）

●ホーチング型リーダーシップ

「フーン」

たぶんホーチング型リーダーシップなら、部下が残業しすぎてダメになってしまうかもしれないし、ネットの一部では「ホーチ（放置）ング型上司」が話題になっている。でも、ぼくがＨＲ界隈の専門家と「究極の育成手法とはなにか？」についてディスカッションしたときに、たどりついた答えが「なにもしない」だった。

リーダーが導かなくても、チームのメンバーが自発的に育っている状態——これが理想形ではないだろうか？

子育ても同じだ。ただし、日本の教育はほぼティーチング型手法で行なわれている。教える「先生」は〝teacher〟なのだから、当然かもしれない。でも、子どもの教育においては心の発達とか思考力の育成とか、ティーチング型が求められる面がある。だからといって、すべての場面でteachしていると、「物事を学ぼう」とか「成長しよう」とかいう自発性は育たない。

ここで、小さなお子さんがいらっしゃるみなさんへ——まさか一方的に、「勉強しなさい」とか「おフロ入りなさい」とか「お尻は自分で拭きなさい」とか、言うてへんよね？

どうやったら、お子さんが自主的に、そのことに対してやる気をもって行動に移すだろうか？

Q　どのように声をかけたり働きかけたりすれば、子どもが自主的に物事に取り組むようになるだろうか？

A.

リーダーシップにはさまざまな型が存在する。それらを「ここはコーチ型」「ここはティーチング型」というように使いこなせたら？

まったく真逆のリーダーシップでも場面場面で使い分けられたら、めちゃくちゃ便利だと思わないか？

「リーダーシップ国家資格」があるなら、検定試験にどんな問題が出るだろうか?

もしかすると、いずれリーダーにも「資格」とか「認定試験」が生まれるのかもしれないが、いまのところは存在しない。ぼくはいっそ、リーダーシップを国家資格にしたらいいいんじゃないか、と考えている。

あ、思いついた。リーダーシップに国家資格取得試験があるとしよう。試験ということは合否があって、試験項目には○と×がある。これが運転免許なら、講習を受けて必要な単位をとって筆記試験をパスして実地練習をして仮免許をとって……と続くが、リーダーシップ国家資格の試験なら、どんな問題をつくるといいだろうか？

Q 「リーダーシップ国家資格」の検定試験があるなら、いったいどんな内容だろうか？

A.

こういう試験ができると、車みたいに「リーダーシップ教習所」なんてものもできるかもしれない。

そういえば、自動車教習所の教官って、だいたいシニアの人が多くて若い人は少ない。だからリーダーシップ教習所ができたら、教官はみんながっつり加齢臭が漂うオジサン教官ばっかりで、そういう人が試験の採点をする。おそらくどこかの大企業に勤めていてなんらかのリーダーだった人、昭和型のリーダーシップを発揮していた人ばかりが、天下り的にこの仕事にたどりつくんじゃないだろうか。

きっと、その教習所の飲み会では、受講生を新橋の居酒屋に連れて行って、「おれが若いときには、こうやってリーダーシップをとって、チームをまとめてさ……」なんて昔話を延々と垂れつづけるだろう。なんなら、「酒の注ぎ方が悪い」だの「注文の仕方が悪い」だの文句をつけられて、受講生はお金を支払っている側なのに、ストレスが溜まること請け合いだ。

リーダーシップが国家試験に認定されてこんな教習所ができたら、そこでは無重力リーダーシップとはかけ離れた、重力がゴリゴリに働いた「べき論」的なリーダーシップを教えられるだろう。ぼくは、そんな加齢臭漂うリーダーシップが植えつけられる場ができることを、心底恐れている。「リーダーシップ教習所」

――またの名を「加齢臭教習所」。やばいやん、これ。笑えてくる。

ところで、ぼくもリーダーシップ国家試験にはどんな問題の項目があるのか考えてみた。たぶん、「リーダーシップの型」の区別に対する理解と知識を問われるんやないかと思う。

たとえば、どの組織にも「内向的なタイプ」と「外交的なタイプ」が存在する。わかりやすく簡単な言葉で表現すれば、「うるさい系」と「静か系」だ。『ONE PIECE』の麦わらの一味なら、次のように分けられるだろう。

「うるさい系」：ルフィ、ウソップ、ナミ、サンジ、フランキー、ブルック
「静か系」：ゾロ、チョッパー、ロビン、ジンベエ

たとえば、麦わらの一味とご飯を食べにいくとしよう。するとだいたいしゃべっているのはルフィとかナミとか「うるさい系」で、ゾロやロビンは聞き役になる気がする。どっちがいい・悪いというわけではなく、それぞれのタイプが違うの

だ（はたしてチョッパーは「静か系」なのか賛否両論だろうが、ここでその問題を追求するのは、それだけで1冊分の本になりそうだから、やめておこう)。

「うるさい系」がリーダーシップを発揮しようとすると、「おれは海賊王になるんだ!」などと言って、デカい声でメンバーを鼓舞して引っ張ることが多い。それで背中を見せようとしたり先頭に立ってみんなを導こうとしたり、あるいは後ろからみんなを押し上げたりする。

でも、「静か系」のリーダーシップはそうじゃない。まずは見たり聞いたりすることから始めて、考えて考えて思考が固まったときにようやく話し出す。それが、なんかいい話であることが多い。

こういうリーダーシップのタイプの違いを理解していて、必要に応じて出したり引っ込めたりできるか――もしもリーダーシップの国家資格があるなら、筆記試験じゃなくて実地試験が必要で、ここが問われるのではないだろうか。○×式の回答だけではとても答えられないと思う。

でも、たとえば「静か系」の人が、その場に応じて「うるさい系」のリーダーシップを発揮したり、逆に「うるさい系」が「静か系」のリーダーシップを発揮したりできれば、すごく便利じゃないだろうか？

だから、やっぱりリーダーシップって、アプリみたいなものなのかもしれない。リーダーシップは、その場その場とかその人その人とか、それによって働きかけ方が違う、というところが難しい。

だから、こういうアプリをダウンロードしておいて、その場に応じて起動する——そういうリーダーシップがあってもええやん。

「自分と違うタイプの人」に対してリーダーシップを発揮するには、どうするるか？

それでは、リーダーシップ国家検定、いよいよ実地試験の問題を始めよう。

あ、この問いは、実際にあなたの周りにいる「うるさい系」「静か系」を想像しながら、解答を記入してほしい。たぶん、そのほうがイメージがわくと思うから。

Q

いま、あなたの周りには「うるさい系」が3人、「静か系」が2人、あなたを入れて合計6人がいる。
このチームで「出版記念パーティーを企画して大成功させてほしい」と言われたら、リーダーとしてあなたはどう行動するだろうか？

A.

この手のお題については、得意な人もいるだろうし、苦手な人もいるだろう。苦手な人なら、リーダーシップアプリをダウンロードしたら、やりやすくなるはずだ。そもそもアプリって、ぼくたちの生活を便利にするものやん。

もしもあなたが「静か系」だとすると、「うるさい系」が集まってぺちゃくちゃしゃべっている――そんなときには、「まずはじっくり見て、よく考えてからやってみよう」と考えるだろう。でも、その場を仕切るのに時間がかかるのではないだろうか。

それよりも「うるさい系」のアプリを起動して、手をパンパンと叩きながら「はいはい、しゃべってないで次いきましょう、次、時間ないんですから！」と大声を張り上げたほうが、3人の「うるさい系」はついてきてくれるのではないだろうか？（そんなふうに想像すると、たぶんあなたの脳内で、3人の「うるさい系」の知り合いもおしゃべりをやめて、渋々動きはじめただろうと思う）

だからやっぱり、リーダーシップ国家試験には、実地試験をやったほうがいい。あるいは、企業研修とか社内育成プログラムとか昇進試験に取り入れたらおもしろい。

既存のリーダーたちがこの実地試験を受けたら、おそらくそのうちの50パーセントは、いまのリーダー職からはずれるかもしれない。「この試験、うちの会社に入れてほしい！」という人がいたら、ぜひぼくに連絡をください。下手すると、一気に組織的加齢臭がなくなるかもしれへん。これはおもろいで。だって、知っていてもできるかどうかは別の話やん。

Q

あなたは、職場のチームメンバー複数人と南極研修に行く。
目的はチームビルディングで、リーダーはあなただ。
次の解答を記入してください。

A.

●そのメンバーと特徴は？
（メンバーを3〜4人、具体的に書いてほしい）

●そのなかで、もっとも扱いにくいのは誰だろうか？
理由はなにか？

●そのときに、どんなリーダーシップアプリが必要だろうか？

●そのアプリで、そのメンバーに協力してもらうためには、どのように行動するだろうか？

たとえばあなたが「静か系」で、「扱いにくそうな人」が、うるさい系の仕切りたがり屋だったとしよう。そうすると、その人はあなたがリーダーシップを発揮するのを、おもしろくないと思っている可能性が高い。

ぼくなら、この種の人は義理人情に厚いタイプが多いから、まずはその人と信頼関係を着実に築いていく。たとえば、小さなことで助けてもらったり頼ったりする。決して、体育館裏に呼び出して「オマエ、わかってるよな？」とは言わない。

そうするといつのまにか信頼関係ができていて、南極研修行きの船の中でメンバーが騒いだりしたときには、その人が「ねえ、勝手なことするのはやめようよ、リーダーの言うこと、ちゃんと聞こうよ！」なんて大声で味方してくれる——そしてグループがまとまって、無事に南極点に到達するわけだ。

でも、あなたが「静か系」なら、こういう方法を思いついても行動しようとしないだろう。その人のもともとのタイプがあるから、しかたない。

ぼくの場合、チームで南極研修に行くとなったら、すぐに「じゃ、おれが仕切るわ、途中のブエノスアイレスにめちゃくちゃおいしいレストランがあってさ、超人気店でなかなか押さえられないんだよね、あ、もう押さえちゃっていい？　店」とかなんとか言って、みんなを巻き込むことができる。だから、ほかの誰かがリーダーになって、その進め方が気に食わなかったら、テンションがダダ下がりすると思う。

でも、表立って「リーダー」という立場を与えられなくても、このプロジェクトを成功させようと思えば、リーダーを陰ながらフォローしたりアシストしたりする、という手もある。そんなポジションに入って、「静か系」のリーダーでは抑えられないメンバーを、リーダーがリーダーシップを発揮しやすいように、さりげなく抑える——これも一種のリーダーシップかもしれない。

だから、リーダーシップを発揮するのは、ひとつのグループにひとりだけ、とも限らない。それぞれのメンバーにリーダーシップがあって、場面が変わればリーダーシップを発揮する人が変わる。

「無重力リーダーシップ」というこの本のタイトルは、「無重力な世界のリーダーシップ」という意味で名づけたのだけど、よく考えるとリーダーシップ自体も無重力で、ふわふわと移動しているのかもしれない。

第2章

「無重力リーダーシップ」を実装する

――ブラストとモメンタム

リーダーが変われば、なにがどう変わるのだろうか？

無重力リーダーシップについていろいろ話してきたが、この新しいリーダーシップを発揮すれば、チームや組織はどう変わるのだろうか？

それを考えるヒントとして、ぼくのリーダーとしての「黒歴史」について話したい。

中学時代のことだ。入学と同時にサッカーにハマり、「2002年の日韓ワールドカップに出場してやる！」と本気で考えた。そして、父も母も兄もアスリートでキャプテン経験者――というゴリゴリの「キャプテン環境」に育ったぼくは、当たり前のようにキャプテンとなった。当時のぼくはいまよりもはるかに純粋で、知らない誰かに押しつけられた昭和的な「リーダー像」を、なんの疑いもなく信じていた。こんな奴がキャプテンになったらどうなるか？——おそらくみなさんが想像しているとおり、メンバーをバッチバチに締めつけたのである。

それなりの成績は残すことができたけど、チームの状態はぼくを支持する「真面目派」と、反発する「不真面目派」の真っ二つに分かれて空中分解。それでキャプテンをやりたくなくなって、サッカーをやる気も失せた。こうして不幸にも日本サッカー界は、将来の日本代表となる最高のストライカーをひとり失うことになってしまった。

いま思えば、ろくに練習に出てこない、たまに出てきても遊び半分で不真面目な態度の「不真面目派」に対し、ぼくのほうがムキになっていたのかもしれない。彼らには彼らのサッカー道があっただろう。実際彼らは、ヘラヘラしているように見えても、「お、かっこええやん！」的なドリブルを決めたりしていた。でも、当時のぼくの引き出しには、ひとつのサッカー道しかなかった。サッカーを楽しむよりも、とにかく勝って上を目指すことしか考えていなかった。それも、「べき論」にとらわれたやり方で、まさに昭和時代の加齢臭だ。

そんなぼくのやり方では、チーム全体の雰囲気をよくすることはなかったし、メンバー一人ひとりの本当の力を引き出すことができなかった。高校から始めたアメフト部でもキャプテンになり、「強いリーダーがすばらしい」と思い込んだまま、統率をとるためにブチギレて、部室の壁を殴って穴を開けることもしばしばだった。まるで社会主義国家の恐怖政治だ（この頃のぼくのカリスマが、『ろくでなしBLUES』の前田太尊だったからかもしれない）。

あのとき、ぼくが自分の考えばかりを押しつけず、仲間の気持ちをもっと読むことができていれば、どうなっていただろう？

――そんな苦い思いから、ぼくはのちに入学した立命館大学で、アメリカンフットボール部のキャプテンとなった。そしてその思いは、宿敵・関西学院大学をボコボコにして（いまなお最大得失点差記録だ）、早大を破って学生日本一となり、さらには日本選手権で社会人チャンピオンを倒し、立命館大史上初の日本一を達成する原動力になった。

就職した日本ＩＢＭでも、アメフト部に入部した。学生時代に全勝、優勝して自信をもって社会人アメフトリーグに乗り込んだつもりが、1年目は当時Xリーグの1部リーグ戦で全敗を喫し、入れ替え戦で勝ち、なんとか二部落ちを免れたという状態だ。そののちキャプテンを務め、リーグ戦で優勝するチームへと這い上がった。

仕事の場面でも、27歳にいわゆるリーダー職となり、部下をもつようになった。当時は1部上場企業の人事責任者を務め、組織づくりやチームづくりをした。独立した現在も、社内外に対するマネジメント職につき、人材育成、組織開発のフィールドで商いをさせていただけるようになった。また、ときにCVC(Corporate Venture Capital)として、スタートアップベンチャーへの投資を行い、IPO達成のシーンを目の当たりにできるようになった。

え？「礒谷さんは、どんな企業に時間やリソースを割いていくんですか」って？ 企業秘密なところはあるけど、ひとつ言えることは、その企業のリーダー、すなわち、社長を見るわな。すばらしいリーダーでないと、企業成長はなかなかできないと思うからね。

こうやって、人をたくさん見てきたからこそ、成功者の見極めができるようになったというのもあるが、原点は中学校時代の失敗のおかげやな。「しくじりリーダー」だったからや。

自分を変える大きなチャンスというのは、けっこうな確率で「黒歴史」のうちに隠れている――そんなふうに考えている。

ぼくは、自分の人生をいいほうに大きく変えることを「ブラスト（blast＝突風）」、その突風を引き起こせる人のことを「ブラスター（blaster）」と呼んでいる。まさにぼくは、中学校時代にチームを崩壊させたのに、その後チームづくりを生業にした変な人で、ブラスターだと思っている。

もともとは、アメフトのプレーに「ブラスト」という中央突破するプレーがあって、ぼくはそれが大好きだった。ショートヤーデージ（短い距離）を獲得しにいくときに、基本となるプレーである。一瞬でクイックネス、リアクション、そしてパワーなどがハイレベルで必要となる。このブラストが出はじめると、攻撃に勢いが出るといわれる。

ぼくはこれまでの経験から、「リーダーが変われば、チームは確実に変わる」と、声を大にして言える。

つまり、リーダー自身の思考・行動しだいでメンバーの思考・行動はすぐによくなるし、簡単に悪くもなる。もしもいま、読者のみなさんが「リーダーである自分が頑張っていても、チームがちっともよくならない」「自分とチームの間に壁を感じる」「自分の気持ちが伝わらない」などとモヤモヤしているのであれば、それはリーダーシップのアプリをアップデートしていないからではないだろうか？

無重力なこの時代、「べき論」に押しつけられて、自分のOSもアプリもアップデートせずにリーダーシップを振るおうとしても、無意味である。

ブラスターになるには、これまでの重力マシマシのリーダーシップをアンインストールして、無重力リーダーシップアプリをダウンロードし、それまでの価値観を捨て去ろう——と言うものの、これがなかなかできひんねん。

ぼくを含め、世の中ほとんどの人は「普通の人」、言い換えれば「凡人」で、ジョブズや孫さんのような天才的なリーダーはほんのひと握りだ。しかし、たとえ天才でなくてもやり方しだいで、活躍できる十分なポテンシャルがあるし、多くの人は自分のOSもアプリもアップデートしていないから、強みや個性が生かされていないように思う。

みなさんに最初にやってほしいのは、「自分の思いどおりに相手を動かす」という考え方をやめることだ。

それよりも大事なのは、自らの思考と行動を総動員して、メンバー一人ひとりのポテンシャルを最大限に発揮させること。自分たちのフィールドに「突風＝ブラスト」を吹かせてチームの「流れ」を変える――無重力なこの社会では、そんなリーダーシップが必要ではないだろうか？

この「突風」は、リーダー自身がチームメンバーに対して「こう動かそう」「さあ、こっちへ行け」などと、目的や方向を押しつけて無理に吹かせるものではない。

リーダーである自分自身が変われば周囲が変わる、そんな小さな変化の渦が重なり合い、つながり合って、あるとき一気にビジネス全体を変える突風が押し寄せる――というものだ。

そうして勝ち得た大きな成功は、ときには自らがねらってスーパープレイをする以上の興奮と幸せをもたらしてくれるだろう。

ここで、相手が思いどおりに動いてくれず、ヤキモキ（イライラ）したときのことを思い出してほしい。

Q

なぜ、あなたはヤキモキ（イライラ）したのだろう？
相手にどんな言動をしてほしかったのか？
再び同じシーンになったら、自分がヤキモキ（イライラ）しないために、今度はどうするだろうか？

STEP1：ヤキモキ（イライラ）したシーンを振り返る

A.①最近、あなたがヤキモキ（イライラ）したシーンは？

②なぜ、ヤキモキ（イライラ）したのか？

STEP2：「無重力リーダーシップ」アプリをダウンロードして使ってみる

①あなたは、そのとき、相手にどんな言動をしてほしかったのか？

②相手はそのとき、一体なにを考えていたのだろうか？

③相手とあなたの合致する点を探ると、どんなことがあるだろうか？

④「無重力リーダーシップ」アプリをダウンロードしたあなたは、先ほどのケースでヤキモキ（イライラ）しないようにするために、いまならどうするだろうか？

振り返り：視点を変えてみて、どんな洞察があるだろうか？

「世界に一人のいまのあなた」を形づくった大きな出来事はなにか？

最近は若者、特に小中高生の自殺が増えていて、2023年にはその自殺者数が過去最多になった。15～39歳の各年代の死因の1位が自殺で、こんなのは先進国のなかで日本くらいだ。

毎日のなかで、うまくいくこともあればうまくいかないこともあるし、みんな完璧じゃない。でも、悩まないでほしい。人間は誰でも、この世にたった一人しかいない、唯一無二の存在なんだから。

自分の人生は自分だけが歩んでいる。その経験が「いまの自分」を形成しているのだが、そこには「自分以外」の要因――なにかしら影響を与えた出来事や「誰か」の存在がある。

それでは、かけがえのない「あなたらしさ＝自分らしさ」を形づくった要因とは、いったいなんだろうか？

生きていると、自分の知らない自分に気づくこともしょっちゅうだ。ぼくなんかは、「あれ、俺、こういうの好きなんかも？」とか、「自分、こんなふうに感じるんだ」とか、40年以上生きているのに新しい自分を発見するというのは、すごく楽しい。

そんな状況が起こるのは、ぼくたちが日々、ちょっとしたことからどデカいことまで、さまざまな刺激や出来事によって絶えず変化している証拠だ。そう考えてみると、自分自身の内なる声に耳を傾け、隠されていた新しい自分の顔に出会うというのは、成長しているからこそ。そう思うと、けっこううれしくなってくるだろう。

だからまずは、そんな「意外な自分」との出会いに、敏感になってみてほしい。すると、「ああ、あのときの、あれがきっかけだったんだな」と思い当たることが、きっとあるはずだ。あとになって、自分のなかに成長と変化が起きはじめていたことに、思い至るかもしれない。

ぼくは、20歳の夏に親友を亡くした。高校時代、アメフト部でぼくが主将、彼が副将だった。教室で、グラウンドで、いつでもずっと一緒だった。互いに競い合い、励まし合い、家族よりも誰よりも一番身近な存在だった。その彼と、突然の病気で二度と会えなくなってしまった。

これは悲しいとか、悔しいとか、そういうありきたりの言葉では言い表せない、衝撃的すぎる出来事だった。しばらくの間、なにも手につかず、なにも考えられなかった。

彼はぼくがお見舞いにいった翌日に亡くなったのだが、葬式のとき、彼のお母さんにこう言われた。

「礒谷君のことを、きっと待ってたのかもしれないね」

亡くなる前の彼の心拍数は、1分に150〜160くらいをキープしていたという。これは常人であれば、ずっと走っているくらいのレベルだ。そして余命3か月といわれていた状態から、1年3か月生きた。ぼくはずっと走りつづけ、そして走り切ったあいつに頭が上がらない。

こう思えるようになったのは、彼のお母さんに言われた一言がきっかけだと思う。彼の生きざまを教えてもらって、彼への気持ちが尊敬に変わった。そして自分の価値観が大きく変わり、それからは、すべての物事がたいしたことじゃない、と思えるようになった。

あんな状況で走りつづけた彼と比べたら、どんなこともその比ではない——だからこそぼくは、走りつづけたあいつのように、とにかく前へ前へ、突き動かされるように進むようになった。

これはひとつの例だが、もっと身近なこと、日々のちょっとしたことでも、扉が開き、新しい自分と出会うことがある。

たとえば、結婚前に妻から教わった〝Viva la Vida!〟という言葉。当時のぼくは仕事にがむしゃらすぎて、周囲の仲間も家族のことも目に入らなかった。彼女はある日、スペイン語で「すばらしき人生！」という意味を持つこの言葉を教えてくれた。そのときはすぐに気づけなかったが、あとになって考えると、このときからぼくのなかに「人生を楽しもう」という視点が芽生えはじめていたのかもしれない。

気がつけばそれ以後のぼくは、仕事の場面でも家族や友人との時間でも、どこかに「まず、楽しもう」という意識が生まれた。

とにかく前へ突き進むことしか考えないぼくは、日常の動作もすべてがトップギアで、移動のときはいつも駆け足だ。だから、自宅から最寄り駅までの往復も基本的に走っている。

それがある日、入ったばかりの新人と現場へ行くとき、こんなふうに聞かれた。

「礒谷さんって、いつもそんなふうに走ってるんですか？」

彼女の質問にポカンとした。そして当たり前と言わんばかりに、「だって、時間がもったいないやんけ」と答えた。すると――。

「じゃあ、あれですね。礒谷さんは、道端に咲いている一輪の花の美しさに気づけないんですね」

時間が止まった感じだった。道端に咲く花なんか、目に留めたこともなかったから。

それ以来、基本的には相変わらず走っているが、ときどきは立ち止まって足元を見るようになった。その結果、身の回りの小さなことやささいなこと、それまで見えなかったものが見えるようになった。

人は意図を持つものしか見ようとはしないし、意図のある情報しか入ってこない。道端に咲く花は、ぼくにとって「意図していなかったもの」だった。

ここで考えてほしい。

Q あなたは今日、自宅から会社に行くまでの間に、10センチ以上のピンヒールを履いている人を何人見ただろうか？

A.

この問いに「〇人でした！」と即答できた人は、ぼくの経験上いない（いたとすれば、そういう趣味を持っている人だ）。だいたいは「え、そんなの覚えてません……」と答える。

なぜ覚えていないのか？――それは、ピンヒールの人はそのときの自分にとっては「意味を持たないもの」だったからだ。最初から「今日はピンヒールの人が何人いるか数えていこう」という意図を持っていれば、ピンヒールの人は「意味を持つ存在」となり、通りすがるたびに必ず目に留めていただろう。

道端に咲く花は、ぼくにとってそれ以来「意味」を持ちはじめ、目が留まるようになった。というよりも、「そこにあるもの」が意味を持つ存在になると、意識的に見ようとする意図が生まれる。

「あなたらしさ」を形成した人は？

「意図を持つ」「意味が生まれる」というのは、無重力リーダーシップにおいて重要な要素だ。あらゆる出来事は、意図を持てば意味が変わる。どんなにささいな出来事でも、意図を持てば突風が吹いたかのような変化を生む。それが「ブラスト（blast）」だ。

そして、ブラストを起こすきっかけとなる人が「ブラスター（blaster）」である。「ブラスト」に〝er〟をつけて、「きっかけとなる人」「火をつける人」という意味だ。

たとえば、営業で成果が出ないメンバーがいたとしよう。けど、自分でアポをとってクロージングして、粗利500万円を達成した。いままでできなかったことができるようになった――この場合、なにがブラストだったのかを、時系列で整理してみる。もしかすると上司から言われた一言かもしれないし、ぼくの言葉だったかもしれない。

それらが点としてつながり、線になっていく。すると「あ、これがブラストだったんだ！」と、あとでわかる。こんなふうに、振り返って自分にとってのブラストを理解する。

Q

いまのあなたを形成している、もっとも大きな出来事はなにか？
それがいまのあなたに、どうつながっているのか？

A.

ぼくの場合、友人が亡くなったことかもしれないし、アメフトで日本一になったことかもしれない。ひょっとすると、寒い冬の日に駅のホームでぶっ倒れて、前歯がなくなったことかもしれない。ちなみにその治療費は80万円だった。ぼくは80万という大金を取り返すために、必死に営業活動をした。

これは、仕事のしすぎや過労で倒れたわけではない。久しぶりにトライアスロンを練習したあと、営業先に向かう途中のことだった。ホームに立っているとふっと意識を失って、顔面からぶっ倒れた。

気づいたら倒れていて、「大丈夫ですか」と人が走ってくるのが見えて、電車がホームに入ってくるところだった。ホームドアなんてものがなかった当時、いつもホームの一番前、際のところで電車を待つのがぼくの習慣だったが、その日は少し後ろのほうに並んでいて、心底よかったと思う。

顔から血が出ていたし、片方の前歯は完全に抜けていて、もう片方の前歯は欠けて神経がむき出しになっていた。電車がホームに滑り込んできたので、ぼくは前歯を拾って顔面血だらけ、傷だらけのまま電車に乗り、予定どおり訪問先に向かった。

マスクなんて持っていないから顔を隠すこともできず、訪問先の社員は「大丈夫ですか？」とぼくのようすに驚きながらも、「まあ、おかけください」と言われ、コーヒーを出してくれた。

ちなみに、歯の神経が出ている状態で、熱々のコーヒーを飲んだこと、ある？　やばいぞ。新規訪問で「はじめまして」の状態だから、断るわけにはいかない。ぼくは飲んだ。死ぬほど痛かった。その商談はのちに受注することになる。

こういうとき、みなさんならどうするだろうか？　商談先に行く途中に倒れて前歯が欠けたとき、だいたいの人はリスケすると思う。けど、ぼくからすれば「おもろいやんけ」だ。

ぼくはそのとき、「これは、おれへのなにかのメッセージやな」と考えた。それですぐさま、人間ドックを予約した。

家に帰ると、まだ小さい子どもたちがぼくの顔を見て泣き出した。「パピー、大丈夫？」と心配そうなので、「大丈夫大丈夫、ほら、見る？　これ、パピーの歯」と抜けた前歯を見せてあげた。

どうやら、抜けて30分以内なら、抜けたばっかりの歯を牛乳につけておいて大学病院に持っていけば、治してくれるらしい。というのは、歯が抜けてから覚えたことだ。万が一あなたの前歯が抜けた場合は、すぐに牛乳につけて、病院に駆け込むといい。

ぼくはこの出来事で、定期的に人間ドックに行くという習慣を得た。前歯2本と引き換えに、病気を早期に発見できるプログラムを手に入れたわけだ。そう考えれば、前歯2本が安く思えてくる。

いまでも人間ドックには定期的に行っている。

どうポジティブに思考するかで、流れは大きく変わる。こういうときでもポジティブに思考して、そのあとのアクションに落とし込んでしくみに変えると、「歯をなくした」という出来事はあたかも「歯をなくしてよかった」という世界に変わる。ただ、歯の神経むき出しの状態で熱々のコーヒーを飲むという経験は、決して、おすすめはしない。健康がいちばんや！

ぼくにとっては、亡くなった親友がブラスターだった。彼が亡くなって、それだけなら「ああ、悲しいな」だけで終わったかもしれない。でも、お母さんの言葉によって彼の生きざまを教えてもらった。そして、「こいつ、すげえな」と単純に尊敬しはじめた。

お母さんのあの言葉がなかったら、いまのぼくにつながっていなかった。彼の死という出来事に意味が生まれた――「おれはあいつみたいにずっと走りつづけられるのか？」と考えはじめ、「負けてられへんな」と思った。ぼくは彼のお母さんの言葉に意味を見いだして頑張るきっかけになったけど、同じシチュエーションで同じ言葉を聞いても、そうならない人もいる。

日本一になったときもそうだ。それまで100パーセント、アメフトにコミットしてきて、最後の試合、東京ドームの2万5000人くらいの観客の前で、試合終了の笛が鳴った瞬間――みなさんならどう思うだろうか？　ぼくは、うれしいよりもなによりも、「まじ、よかった」だった。

もちろん、うれしいという気持ちはある。けどその前に、走馬灯のようにいろんな人の顔が浮かんでは消え、いろいろなプレッシャーを思い起こしながら感じた、「まじで負けないでよかった」というとてつもない安堵——これは日本一になった人にしかわからない。だからぼくは、アスリートがメダルをとったときにコーチやファンに対する感謝を述べることに対して、自分もそうだったから「そうだよね」とすごく理解できる。

ビジネスでもスポーツと同じで、さまざまな人に応援してもらいながら仕事をしていく。きっと目標を達成できたときには大きな安堵を感じるくらい、プレッシャーがかかっているだろう。だからこそ目標を達成できるんだと思う。ぼくは、そのくらいスポーツをやり切っていたからこそ、安堵を感じたし、これもひとつのブラストとなった。

みなさんは、仕事に対してそういう思いを持って働いているだろうか？

ブラストは、吹けばすぐ気づくわけではない。ぼくは前に、顧問の師匠から仕事でこんなふうに言われたことがある。

「礒谷、お前の言ってることが正しいよ。でも、そんなのどうでもいいんだよ。いつかきっと、俺が言った意味がわかるようになる」

そのときは、「俺の言っていること正しいんやろ。この人、なに言っとんのやろか」と思った。けど、それから十年以上がたったある日、仕事中にビジネスコーチとして客観的な立場に立ってクライアントと話しているときに、その言葉がふっと腹落ちした。

その言葉が意図を持っていなければなにも響かず、意図を持っていたとしても受け取り方が違えば意味は大きく変わる。

同じ本でも、前に読んだときはなんとも思わなかったが、いま読むと違う気づきや学びが得られる、ということがある。特にこの本はそうだ。だから本棚に飾ってほしいいし、なんなら、家宝にしてもええよ。ちなみに家宝にするならサインするから、いつでも言うてね。

たとえば、人材紹介のビジネスの場合、基本的に「転職したい人」がクライアントとなる。もしもその人が「転職したい」と考えていなくても、いずれは転職を考えるタイミングが訪れるかもしれない。だから、「転職したくなったら言ってくださいね」と言っておけば、いつか相談してくれるかもしれない。

でも、そんなふうに言っていなければ、意図は働かず、相談はこない。営業なら、意図の持ち方ひとつで、数字のつくり方はだいぶ変わる。そういうことは、日々しょっちゅうある。

営業で成果を出せる人というのは、こんなふうに意図を働かせている人が多い。自分のやっている仕事の意味というか、意図をわかっている。

さっきの人材エージェントの話でいえば、知り合いに対して「現状の仕事に満足しているのに、転職をすすめるようなことを言うのは失礼かも……」と考えるエージェントもいるだろう。でも、成果を上げるエージェントは、「この人は、いまの仕事も合っていると思うけど、将来的なことを考えたら、もっと能力を活かせる仕事があるんじゃないか」と考えて提案する。具体的な話をしなくても、

「転職を考えたら相談してね」だけでいい。ふたりきりのタイミングでそう言うんじゃなく、オープンな場で言えばいい。すると結果的に仕事になるかもしれないし、ならないかもしれない。仕事ができる人はこういうふうに考える。

もう少し具体的な例を出そう。人間はいちど病気になったり周囲の人が病気になったりすると、健康の大切さがわかるようになる。現状はなにも変わっていないのに、意図が変わって視界が変わる。これも意図の違いだ。

そういえば、ぼくは最近、なにもかけない炊きたての白ご飯が好きなのだが、昔は考えられなかった。焼き肉を食べるとき、タレをご飯につけて食べるのが好きだった。

「ご飯はなにかのおかずとともに食べるもの」という世界を持っていたときには、「ご飯にはおかずがなければダメだ」くらいに考えていた。それが糖質制限や味覚の変化があって、なにも乗っていない米のおいしさに、はじめて気づくことができた。

さて、ここで問いを出そう。

Q

人でもモノでも、意図が変わったことで違う見方に変わったことは？

A.

あなたにとって、「いい流れ」を生み出したブラストはなにか？

自分が成長したり経験を積んだりして、はじめてわかることがある。これは、ブラスターと出会ってブラストが吹いたということだ。

そのときはわからなくても、ほとんどの場合、あとから振り返って結果的に「そっか、あれがブラストだったんだな」と気づく。だからこそおもしろいし、それに必ずしもいい出来事、いい出会いとは限らない。悲しいことや腹立たしいことだったりもする。

こうしてブラスターと出会い、ブラストが生まれたことで、いい流れが生み出されていく。

ゴルフにたとえるとわかりやすい。ゴルフをやっていると、最初はおもしろくても途中で「うまくならないな」「スコア、100切れないな」「向いていないのかも……」と、何度も心が折れそうになり、「もうやめようかな」となる。実際、ほとんどの人はスコア100を切る前にあきらめてやめてしまう、というデータがあるらしい。

それでも、「あのときはいいショット打てたしな……」「あのドライバー、よく飛んだよなあ……」となれば、「もう1回、あんなの打ちたいな」と思い直す。それで「もう少し続けてみよう」となり、続けるうちにいつのまにかうまくなっている。ゴルフが前よりおもしろくなって、ゴルフでの付き合いがきっかけでビジネスのチャンスなんかが生まれたりする。

これは「いい流れ」が生まれている状態だ。ぼくはこの「いい流れ」を「モメンタム」と呼んでいる。

モメンタムは、もともとはアメフトでよく使われる用語で、ファインプレーなどが生まれて勢いが出たときに「このプレーがモメンタムをつくった」などと使う。アメフトはモメンタム・ゲームだといわれるが、いい流れをつかんでいるときは、たいていのプレーがうまくいく。

ビジネスの場でも同じだ。たとえば営業をやっていて、自分がいい流れをつかんでいれば成約率が一気に高まったりするし、クライアントになんらかの成果をもたらすことができる。

この逆もあって、悪い流れになっていれば、努力してもなかなかうまくいかない。みなさんもそう感じたことがあるのではないだろうか？

風がいちど吹いたから物事がひっくり返る――なんてことはそうそうないが、いい流れというのは見えなくても、「あ、こっちに行っといたほうがいいな」と、なんとなくわかる。強いていえば、嗅覚でそれをつかんでいく感じだ。

たとえば、経営者どうしの交流会。「今日、このタイミングでは、二次会に行っておいたほうがいいな」と感じるときがある。嗅覚がない人は「それじゃ、お先に失礼しまーす」なんて早々に帰ってしまう。モメンタムをつかむというのは、そういうものだ。

麻雀でもそんなふうに、嗅覚が働く場面がある。三面待ちのオープンリーチしていても負けるパターンもあれば、確度が低そうでも「この役をつくれ」と神がぼくに語りかけてくるときがある。

1回のツモじゃ流れは変わらないが、「こっちにいけ」といっているのを感じとれるか？　四暗刻（スーアンコウ）は、対々和（トイトイ）を手放したときにしか生まれない。四暗刻でツモっても、あえて頭を変えて待つべき流れがある。そんなときにこそダブル役満は発生する。（麻雀がわからない人、すみません。要は、勝負は確率論だけでは勝てないということのたとえです）

モメンタムをつくるのが、ブラストだ。先のゴルフの話でいえば、ゴルフを続けていたことで、ある経営者とのつながりが生まれた。そして大型案件を受注した——というモメンタムが生まれていたとしよう。

この場合、モメンタムをつくったブラストはなにか？——それは、いちどやめようとしたのに、「もう少しやってみようかな」と考え直したことだ。そしてそれは、「あのとき、いいショット打てたな」「あのときのドライバー、よく飛んだな」と思ったからで、さらに突き詰めれば「1発だけいいショットやドライバー」があったから、ゴルフをやめずにいまに至っている。

ゴルフを続けさせてくれた非常にささいな出来事——これがその人にとってのブラストだ。それで経営者とのつながりが生まれて、新たなビジネスにつながった——あとから振り返れば、どれが要因だったかわかるだろう。そして、そこに至るまでに何度もブラストがあったはずだ。ブラストが連なっていたからこそ、勢いのある流れ、「モメンタム」となる。

Q

途中でやめようと思ったけど、結果、やめなかった体験はなにか？
それによって、あなたの人生にどんなモメンタムが生まれたか？

A.

「風が吹けば桶屋が儲かる」ではないが、風が吹けばなにかが起こる。そのときは気づかなくても、その風に意図を与えれば、出来事自体に意味が生まれて、いい流れが生まれる。ジョブズのいう「コネクティング・ザ・ドッツ」のように、すべての出来事はつながっていて、そのときどきのブラストにどんな意図を持たせるかで、いい流れにもなるし悪い流れにもなる。

こう言うと、ブラストを「ターニングポイント」と似たようなものと感じるかもしれないが、ぼくとしては、両者は違うものである。ターニングポイントは、その出来事自体が静止した「点」であるのに対し、ブラストは「風」で動的なものだ。

風は1か所にはとどまらない。ターニングポイントという考え方でいえば、点と点をつなぐ力となるのは自分自身だが、ぼくは、自分以外のなにかがどこかへたどりつかせてくれることがあると思っている。

無重力なこの時代、吹いた風が自分をどこへ運んでくれるかはわからない。でも、風に意図を持たせていい流れをつくることはできる。

経営者の間では、「地球は12年のサイクルで変化している」ともいわれる。生きている限り、いいことが続くという状態はない。人間は自然のなかに生きているのだから、自分の思うようにいかないことがあり、悪い流れを耐えなければならないときがある。経営もそうだ。

けど、自分でこの「流れ＝モメンタム」を起こし、意図的に勢いをつけることができたら？

それって最強じゃないだろうか？

ブラストを起こすにはどうすればいいか？

「じゃあ、自分でブラストを起こしてモメンタムをつくってやろう！」と意気込んでも、残念ながらいいことはない。

ゴルフでも、ボールを遠くに飛ばそうとしてガチガチに力を入れてドライバーを振ったところで、だいたいうまくいかない。ゴルフ初心者にありがちだが、ぼくにも経験がある。

ぼくはアメフト現役時代、ヘッドスピード53m／sくらいが普通だった。石川遼は51m／sといわれるが、ぼくは筋肉隆々の体幹ゴリ強のフットボーラーだったから、腕の筋肉ももののすごいし、バーン！というものすごい勢いでクラブを振っていた。

燃費の悪いショットだったが、全力で打ち抜けば300ヤードは飛ばせる。速度はすごいから当たれば飛ぶが、よく隣のホールにコンニチハしていた。そのたびに「ホワアアアアアアア！」と全力で叫びまくっていたから、いつも喉が痛かった。

飛距離をアップさせるには、クラブのしなりが重要で、それには力を抜いて手首をぐにゃぐにゃにすることがポイントらしい。ゴルフクラブはしならせて使うもので、力を入れているとしならない、という。それを教わってからは、ぼくもクラブのしなりを意識するようになった。

トライアスロンでも同じだ。スイムパートでは川や海を泳ぐが、プールを泳ぐのと違って、流れや波のせいで自分の思うように進まないことが多々ある。そんなとき、むやみに力んではいけない。流れに逆らわないことが重要だ。ランニングパートでも、速く走ろうと思って腕にがむしゃらに力を入れるより、正しいフォームで走ったほうが、少ない出力で多くのエネルギーを出せる。

これはすべてのスポーツでいえることだが、気合いを入れて「やってやる！」という状態だと、いいプレーはできない。

営業でも同じだ。「受注してやる！」と肩に力を入れて突撃するより、「社長、なにに困っているんですか？」「どうしたいんですか？」と、クライアントの本音と向き合っていくほうがうまくいく。

どう力を抜けばいいのか、最初はわからなくても、「ここはちょっと力が入りすぎているな」と気づくようになる。ぼくはいま、「どういうふうに体を使えばいけるだろうか？」と考えながらゴルフをやっている。この力が抜けていくプロセスに気づくことが大事だ。まあ、ぼくはこれまで全力で打ち抜いて300ヤードくらい飛ばしていたのだが、いまは手首にクイっと力を入れるくらいで十分である。

まずはやってみればわかる。営業なら、人の話を聞いてみたり実際にやってみたりして、「あ、こんな感じだな」とつかんでいく。でも、力を入れて前へ進もうとしたら、思うようにいかない。

あ、これって、無重力空間と同じじゃないか？

学生さんはだいたい、力が入っているように思う。採用面接では開口一番、「〇〇大学から来ましたッ！」と声を張り上げる。続けて、「御社を、志望する、理由はッ！」とカタコトでしゃべる。結局、会話にならないことが多い。だからぼくは、面接で志望理由は聞かない。

力を入れているから目の前の相手が見えていない――つまり視野が極端に狭くなっていて、モメンタムを感じられない状態になっている。

逆に言えば、力が抜ければ視野は広がる。たとえば、「いい人生にしたいですか？」と聞くと、ほとんどの人が「イエス」と答えるだろう。「そのためにはある程度、お金がなきゃだめですよね」と聞くと、これも「イエス」だと思う。ただ、そのうちに「お金を稼ぐためには、儲かる会社に行かなければならないんです」と言いはじめる――けれど、「いい人生にしたい＝儲かる会社に行ってお金を稼ぐ」ではないはずだ。

これはお金の魔力にとりつかれて「稼げばいい」という思考になっている状態。「いい人生にしたい」という上位のゴールがおざなりになってしまっている。

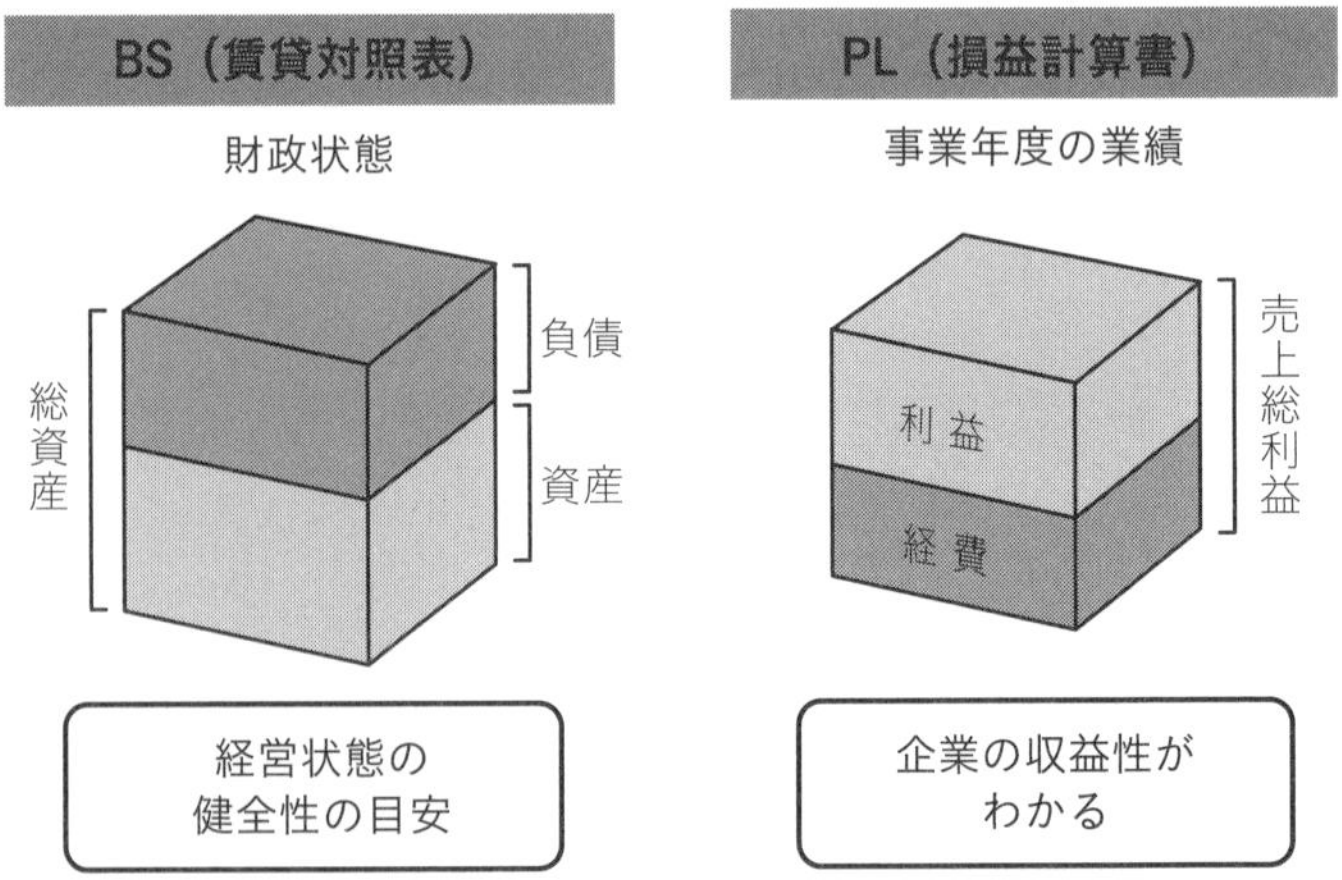

力を抜いていれば、人生がPLではなくBSだとわかる。経営者ならみんなわかっていることなのだが、ぼくがキャリアアドバイザーをやっているなかで、目の前の年収にこだわりすぎる人に出会うことがけっこう多い。

この前は、上場企業の社長を退任してフリーになっている方にお会いしたのだが、収入のことを聞いてみると「最低でこのくらいもらえればいいかな」という「ミニマム」の答えだった。その方は仕事に、人との信頼関係の構築や社会への貢献など、収入以外のものを求めていた。そういうのは、いわば「資産」だ。仕事に資産を求めているから、その方にとってのフィーは「資産のうちのひとつ」となっている。仕事ができる人ほど、この種の人が多い。実際、仕事ができない人ほど「カネ、カネ、カネ！」となっている気がする。

お金にとらわれていて力がガチガチに入っていると、それしか見えなくなる。けど、力が抜けていると視野が広くなり、入ってくる情報量が格段に増えるし、判断材料も増える。ささいなことにも意図を持たせることができるし、するとプラストがわかり、モメンタムをつかみやすくなる。

無重力空間の中では、「力」以外の要素が必要だ。ゴルフでも、緊張感のあるプレーだとスコアは悪くて、やる気のないときにいいショットが出る。カジノのルーレットでも、「絶対当ててやろう！」と気張っているとき、全額かけて黒にベットしたとしても、そういうときに限って絶対に当たらない。けれど、適当に買っていたら当たる。

採用面接にしても、力んでいると自分を出せないものだ。ぼくはよく、熱くなって「御社の、志望動機は、ですね！」とカタコトで語りはじめる人に対して、こんなふうに聞いてみる。

「え、死亡動機？　自殺しないでね。なに、なんか悩んでんの？」

「え、そっち？」「違いますよ（笑）」とか答える人は、力が抜けているパターンだ。しかしガチガチに力が入っていると、こう返すと崩れて思考が停止してしまう。ほかにも、質疑応答で次のようなパターンもよくある。

「御社に入社したときの、１日の流れを教えてください！」

「何月何日の話？　どういうパターンがいい？　３６５パターンあるけど、どの日がいいの？」

「は、はい！」

——って言われてもなんやそら、という感じである。たぶん「これは聞いとけ」と言われているんだろうけど、正直、365パターンどころじゃない。本人はいたって真面目で一生懸命なんだろうが、みんなかまえすぎなんじゃないか、もっと肩の力を抜けばいいのに……とぼくは思う。こういう状態では、いい流れはつかめない。

アメフトでは、攻撃が終わるたびにオフェンスとディフェンスそれぞれが集まって円陣を組み、ハドル(作戦会議)をする。ハドルをブレイク(解除)して次のプレーを始めるときに、加わったメンバー全員が手をパン！と合わせて素早くセットアップする——いいチームは、このハドルブレイクによって流れをつくっている。だから攻撃チームがいい流れをつかんでいるかどうかは、ハドルブレイクを見れば一目瞭然だ。

仕事の場でも、朝「おはようございます！」と元気に挨拶する、帰るときに「今日もありがとうございました！」といってオフィスを出る、そのリズムでいい流れをつくることができる。飲食店なら、トイレがきれいか、「いらっしゃいませ！」がハキハキしているか、厨房とホールで声をかけ合っているか、などがこれに当たるだろう。こうしたことを変えるだけでいい流れが生まれる、というケースはたくさんある。

当たり前だが、トイレが汚い飲食店なんて嫌だし、客としては入りたくない。けれど、これが見えていない＝視野が狭くなっていて気づけないなら、改善のしようがない。

アメフトなら、ずっと同じプレーをしていると、そのプレーが脳裏に焼きつく。つまり、「このプレーが来たらここにボールが来る」ということを、脳が勝手に想定してしまう。それをフェイントして、後ろからボールを投げればどうだろうか？

人間、一生懸命になればなるほど、視野が狭くなる。誰しも自分独自の「思考の癖」を持っていて、あたかも自分が正しいという世界にいるかのように思っている。

「すべての物語は、逆さから見ると真逆の世界が待っている」という言葉を聞いたことがある。そのことに本人は気づけないが、視野が広がっていけばいくほど、多くのことに気づけるようになる。

無重力リーダーシップは、力を入れてモメンタムを生もうとするのではなく、ただ視野を広く持ち、リズムをつくってあげるだけでいい。するとモメンタムをつかむことができる。

だからみなさんには、力を抜く過程を理解してほしいし、無意識的に力が入っていることに気づいてほしい。力が入っていると、モメンタムに気づくことすらできないのだから。

ここで、モメンタムをつかむヒントとなる問いをひとつ。

Q あなたの人生にいい流れを生むための習慣はなにか?

A.

気合いや根性だけでいい流れをつかもうとすると大変だが、日々当たり前のように習慣化していくことによって、いいリズムができあがり、モメンタムをつかめるようになる。

神社にお参りに行くとか、スタバでコーヒーとシュガードーナツを買って出勤するとかでもいい。あ、ぼくの場合は筋トレに行くことだ。

「力んでいる人」の力みを抜く方法とは？

最初に問いを出そう。ここが採用面接の場で、みなさんは面接官だとする。

Q

面接に入ってきた、ガチガチに緊張して力んでいる新卒の方の力を抜きたい場合、あなたはなんと声をかけるか？

A.

実際、ぼくも周りに聞いてみた。すると「えー、『力抜いてください！』とかですかね……」と、なんとも頼りない返事が返ってきた。

採用面接を想像してほしい。面接官であるみなさんが力んでいる新卒に、「ホラ、力抜いてください！　もっと気を楽にしていいから！」と言ったところで、相手は脱力できるだろうか？　むしろ、「ハイ、楽にします！」と意気込みながら、もっと力んでしまうのではないだろうか。

ぼくの場合はこうだ。

新卒「よろしくお願いしますッ！」

ぼく「え、なんか、おなか減ってる？　ほな、ぼくの顔でも食べなよ」

こんな言葉でいい。本当に、なんでアンパンマンって自分の顔をあげるんだろう？（なんなら、「アンパンマンって、どうして自分の顔あげちゃうんだろうね、教えて」と続けることもあるし、「まあどうでもいいけどさ、どこから来たの？」と言うときもある）。

この「力抜いていいから！」で力抜けるはずないやろ理論は、ブラストにも同じことがいえる。

ブラストは、吹かせようとして吹くものではない。そんな気持ちでは残念ながらブラストは起きないし、モメンタムもつかめない。

「北風と太陽」という話がある。旅人の服を脱がせるには、ビュービューと力まかせにやっても無駄。暖かさで包んでやれば、自然と服を脱ぐだろう。強いていえば、ブラストは、「相手をいいほうに変えたい」「喜ばせたい」という気持ちから生まれるように思う。ちょっとしたサプライズというか、相手へのささやかな贈りもの、みたいな感じだ。おおげさなことではなく、身がまえなくていいし、気楽でいい。

みなさんがリーダーとして、意図的に「メンバーに、チームに、ブラストを起こしてやろう！」と力んでいるなら、とりあえず落ち着いてほしい。これは重力に縛られている状態だ。

そんな気はないかもしれないが、「楽にしろ！」と鬼軍曹が部下に怒鳴っているみたいなもんで、部下は「気をつけ！」の姿勢を解くことはない。

「いいモメンタム」の要因はなにか?

ぼくは、ある出来事とモメンタムをつなぎ合わせて、ブラストとはなにかを考えていく。

たとえば、ある出来事が起こったときに、急にネガティブな状況が起こったりする。それが続くと、だんだん「悪いモメンタムにある」ということを認識しはじめる。そういうときは、意図的にそれを変えにいく。

だから、本書で話していることは、なにもそんなに複雑なことじゃなくて至ってシンプルだ。流れ＝モメンタムは、気づけば誰でも変えられる。現にぼくは、自分の顔をバーン!とぶん殴ってモメンタムを変えることがある。

ビジネスの場でモメンタムが起こる場合、いろいろなシーンがある。たとえば、超優秀な人を採用したとき。すごい営業マンが入社してきたら、組織はガラリと変わる。クライアントから激怒されたり自社の商品やサービスの質が下がったりなど、問題が起こったときにもモメンタムは起こる。

ところで、かの有名なブリヂストンが、もともとなんの会社か知っているだろうか？　いまや世界最大級のタイヤ製造とゴム加工の会社だが、そのルーツは地下足袋だ。

創業者の石橋正二郎氏の家業は、もともとは仕立物屋だった。１９０６年に17歳で家業を引き継いだのだが、翌年に足袋の専業を始めた。足袋を「二十銭均一」で販売したら大ヒットして、足袋にゴム底を貼りつけた「地下足袋」の事業に本格的に乗り出したそうだ。地下足袋を知らない人もいるだろうから、いちおう説明しておくが、地下足袋とは足の裏にゴム底がついている足袋で、屋外で靴のように履くことができる優れものだ。鳶職や大工の人が履いているのを見たことがあるかもしれない。この足の裏のゴム部分が、ブリヂストンのゴム事業の始まりというわけだ。

そしてブリヂストンはゴム靴の生産でも成功し、アメリカからタイヤ製造装置を買い付けて純国産タイヤを開発。こうしてタイヤ事業に乗り出すときに、誰かがこう言ったんじゃないだろうか。

「足袋って、どうなの？」
「もう終わりじゃね？」

――これがブラストで、そこからモメンタムが動きはじめた。もしかするとその言葉は1回きりじゃなかったかもしれない。「社長！ あの、足袋なんですが……」などと言いかけて、ジロリと睨まれて「あっ、すみません……」と引き下がる、そういうシーンがくり返されたのではないだろうか。その人は左遷されたのかもしれない。

こうしたことは社内の人間は言いづらいから、外部のコンサルタントが「足袋マーケットがこれからどうなるか、シミュレーションしてみましょう」とか言ったのかもしれない。そう思っていた社内のメンバーは、この言葉に「おおー！」

となったはずだ。ただし、それは当時の経営層しか知らない。

電気自動車もそうだ。ガソリン車の時代が終わるときが来ると予想して、電気メーカーが車を開発した。そしていま、社会は電気自動車へとシフトしつつある。これも、誰かが「正直、ガソリンってこの先どうなの？」と、ブラストとなる言葉を発したのだろう。

そして現にいま、社会全体に大きなモメンタムが起こっているが、そういうことに対する日本人独自の否定的な態度が、経済の成長を止めているんじゃないだろうか。

ぼくは、こういうことを「誰かになにかを教える」という立場にある人に伝えたい。特に教育者の人に対して、文部科学省の学習カリキュラムで、暗記系科目が大半という状況ってどうなの？って思う。

これからの時代、暗記系はＡＩによって不必要なものになり、出てきた答えをどう活用するかのほうが重要になる。だからぼくはこの本によって、どこかの教育者たちにメッセージを届けたい。教育って、本当にいまのままでいいのか？――と。

モメンタムは、「大きく変わればいい」「とにかく攻めればいい」というものではない。たとえば、一気に拡大したある飲食チェーン店では、出店しつづけた結果1店舗あたりの客数が減ってしまい、赤字になって閉店する、という逆のモメンタムが起こっている。

一方で、創業100年のレガシー企業なら、基本的には少しずつ時代に合わせていく。新規のクライアント獲得よりも既存のクライアントが離れないほうが重要で、「前年対比150パーセントを目指そう！」とはならず、「5パーセントずつ確実に成長していこう」となる。ベンチャーやスタートアップに比べて成長率はわずかでも、企業SNSをやっていなくても、いいモメンタムがある。

企業規模によっても違う。小さい規模の会社なら少しの力でも変化しやすいが、大きな会社はぐっと動かそうとしてもなかなか変化しづらい。その代わり、重い力をもって前進している。大きなイノベーションを起こして会社や組織を変えればいいモメンタムが生まれる、というわけではない。

Q

あなたにとって「モメンタム」が起きていたときはどんなときか？
その大きな要因となったブラストはなにか？

A.

●いいモメンタムは？

●そのブラストは？

●悪いモメンタムは？

●そのブラストは？

ちょうどいま、うちの会社ではモメンタムが変わりつつある。

あるクライアントから、「この事業責任を持ってほしい」と言われた。ぼくはコンサルタントだが、一般的にはコンサルタントが組織のなかに入って数字にコミットするということは、まずない。でもぼくは、「おもろそうですね、やりましょ」と即答した。

コンサルタントとして、クライアントとの関係性をキープするというのもいいだろう。ただ、その人生に乗って「一緒に事業成長しましょう」というのは、ある意味でぼくらの仕事の本質だな、と思いはじめた。つまりコンサルタントとして、労働集約としてのビジネスモデルだけではなく、ぼくらとクライアントがシナジーを生み出しながら成長していくという世界——そうなったら、クライアントにより近い立場で寄り添えるし、もっと応援できることになる。

ぼくらはその世界のなかで売り上げを伸ばしたり、人材をアサインしたり成長させたりする。そして「もっと多くの企業を支援していこう」となれば、強い仲間が必要になる。ただの名もなき会社では、そんな優秀な人材は採用できない。でも、ぼくらが将来やっていきたいのは、特定の企業だけではなく日本経済の成長の支援だ。だから、クライアントの組織内に入って成長にコミットする覚悟を持つ。こういうやり方に共感してくれる人を増やして、すごいメンバーを入れて……と、いままさにパワーアップしつつあり、いいモメンタムを感じている。

このモメンタムが起こったきっかけはクライアントの一言で、これがブラストだった。クライアントがブラスターだ。

先に話したとおり、同じ言葉でもそれがブラストにならない人もいる。「頑張ります」「努力します」とかわすのが普通だ。でも、それで終わりである。

数字にコミットするというのは、それだけ責任が重いことだ。でも、あの言葉をきっかけに、自分の会社のあり方や存在価値、考え方が変わっていった。

不思議なことにそれ以来、上場会社の社長と話していると、そのなかで「もっとこういうことができないだろうか？」といった相談をされるようになった。これまでそんな問い合わせはなかったのに、ほかのビジネスチャンスも生まれた。

意図する世界が変われば、見えているものが変わる——これによって、モメンタムをつかむことができたのだと思う。

第3章

「無重力リーダーシップ」が社会を変える

なぜ、あなたは働くのか？

いま、この本を手にとっているあなたは、なぜ働いているのか？

働いていれば、誰しもいちどは自分に問いかけたことがあるのではないだろうか。多くの人は「お金」だったり「出世」だったり、あるいは「家族」なんていう答えが多いと思う。

よく考えていくと、単に「お金」のために働くというのだけでは、しっくりこないのではないだろうか？

たとえば、お金を貯めて貯めて貯めまくったところで、それで死ぬときに墓場まで持っていけるわけもない。お金を何億円も残すというのが、そんなにうれしいことなのか?——普通に考えれば、そんなのは虚しすぎる。

ぼくたちの会社では、上場企業の取締役や、CxOとエグゼクティブクラスの人材エージェントを行っている。おもしろいもので、社会で活躍している人ほど、目の前のお金より社会性や世の中への価値機会を優先して仕事選びをする。結果的に成果を出せる自信があるからかもしれない。

なにより、お金の話ばっかり聞いていたら、誰も応援したくなくなるね。

「出世」にしても同じだ。仕事の肩書きなんていうのは、自分のごく一部にすぎない。現に、一歩外へ出たらそれが価値を持たない場合は多い。

ときどき、会社を定年で辞めて「株式会社○○○(世間的に名の知れた会社)元取締役」なんていう名刺を持ち歩いては、ドヤ顔で出したりする人を見るが、ぼくから見れば「で、どうしたん?」となる。

では、「家族」のためというのはどうだろうか? これはアリかもしれないが、当の家族は「家族のために働いているんだ」と言われたら、どう感じるだろうか?

──生計を共にするパートナーであれば「家計の一翼を担っている以上、当然でしょ」くらいにしか思わないだろうし、子どもに至っては「そんなふうに恩着せがましく言われてもなぁ……」と迷惑に感じるかもしれない。

毎日毎日、「会社に行きたくない」「仕事したくない」と言わんばかりの顔で通勤し、休日は無気力で1日中ゴロゴロしているような人に、「自分たちのため」などと言われても、うれしいはずがない。

もしもみなさんが「お金」「出世」「家族」などと答えたのであれば、それは自分の「働く意味」がわからず、その代用品として「お金」や「出世」「家族」を持ち出しているだけだ。今日のビジネス現場が行き詰まっている原因も、おおもとはこの点にある。

あるとき小学生の息子に、「しいしいは将来、なにしたいの?」と聞いてみた(「しいしい」は彼のあだ名)。

「社長になりたい」

「いいやん。なんでそう思ったの？」

「だってパピー、社長でしょ？　ぼくも社長したい。仕事、おもしろそうにやってるじゃん」


一方、中学生の娘に聞いてみた。


「ある(娘のあだ名)は将来、なにしたいの？」

「えー、ぜんぜんわかんないよ」

「そっか、まあいいんちゃう？　これからいろんなものに触れていけば」

「そうだねー。でも、パピーの会社みたいな会社で働きたい」

「うれしいこと言うねー。でも、なんでそう思ったの？」

「心理学とかちょっと興味あるし、なによりミーティングとか？　すごい楽しそうじゃん？」

礒谷家では、働くことは決してネガティブなものではなく、趣味みたいなものという価値観だ。嫌なことがあっても家族に愚痴を言うのではなく、意見をもらったり相談したりする。

とにかく「働くことは楽しい」と感じてもらいたいので、息子にコンビニでコーヒーを買ってきてもらい、購入プロセスに10円の手数料を乗せて支払い、その差額をうれしそうにお小遣いにしている姿を見たり、仕事でうれしいことがあれば、娘と腕を組んでその話をしながらトイプードルの散歩をしたりするのが大好きだ。

人間は、ほかの動物とは根本的に違う。ただ食べて、寝て、子孫を増やせばそれで満足できるわけではない。

一人ひとりに必ず生きていく意味があり、それを自覚できなければ、真の満足を得ることはできない。なかなか厄介な生き物だが、だからこそぼくらは働くうえで、単なる「なんのため」にとどまらず、一歩進んだ「意味」を自分自身でつくる必要がある。

無重力リーダーシップに求められるのは、まさにその部分だ。つまり、チームや組織のメンバーに「働く意味」をつくることである。「べき論」を押しつけるのではなく、相手自身に気づいてもらうこと。どうするべきかの答えは、あくまで相手のなかに隠されている。

もちろん、それは簡単ではない。そもそも、その「意味」は自分自身に見えていないケースがほとんどだし、だからこそ、お金、出世、家族など、「自分以外のもの」にすがりついてしまうのだろう。それぞれの送ってきた人生、現在の立場、理想とする価値によってもバラバラだ。

たとえば、人生において「勝ち負け」をもっとも重視する人の場合、働く意味は個々のビジネスで勝利することである。そのためには他人を押しのけてでも成功する結果こそ望ましいが、逆に人生における価値を「調和」に置くタイプであれば、ときには自分が縁の下の力持ちになって仲間と成功を分かち合うことに、意味を見出すはずだ。

ぼくは「働く意味」として、どちらもアリだと思う。他人を押しのけてまで「勝ち」をつかむ人も、チームの成果より「和」を重んじる人も、それぞれ流儀が違うだけだ。それに人というのは、置かれた状況やそのときのメンタルによって、普段とは大きく違う行動をとることもよくある。いつもは温厚で通っている人物が、突然自分がコントロールできなくなってブチ切れるとかがいい例だ。

無重力リーダーシップでは、そんな人間ならではの不安定な部分も含め、周囲の一人ひとりに「働く意味」をつくっていってほしい。

ただし、リーダーが「意味をつくる」といっても、それは「会社や組織のために機械のように働け」と「洗脳」することではない。

昭和時代のリーダーやコンサルタントの一部では、いまでもそうした無茶な洗脳をよしとする向きがあるようだが、そうしたブラックなやり方は、スポーツでいえばドーピングのようなもの。一瞬は効果があるように見えても、じきに不正などの大きな問題を起こしたり、指示待ちのロボット社員ばかりになったり、先は知れている。

「働く意味をつくる」とは、周囲の人の価値観や人生観にまで関わり、同時に目の前のビジネスが目指す方向性と絶妙なバランスをとる、というプロセスだ。そのためには、相手の内なる声にとことん耳を傾け、隠された表情に目を向けてほしい。

他人の心を理解するのは難しい。だから、最初は自分を知ることから始めてみたらいい。自分を客観的に見つめ直してみる。そもそも、自分はなんで働いているのか、考えてみる。

そうすれば知らなかった自分に出会えるかもしれないし、周囲に対しても新しい意図が生まれて、見方が変わるかもしれない。すると、周囲の望むこと＝ビジネスの目標というプロセスに至る第一歩が生まれるのではないだろうか？

Q

あなたにとって、「働く意味」はなにか？

A.

「自分が成長できる会社」とはどんな会社なのだろうか？

ぼくの話は「成長したい！」と思っている人しか共感しないと思うが、次の問いにあなたはどう答えるだろうか？

Q
成長できる会社とは、どんな要素のある会社だろうか？
1分間で、その要件を箇条書きでできる限り出してください。

A.

「成長したい！」という前提のもと、この問いを尋ねると、たいていは「ネームバリューのある会社」「人気企業」「福利厚生を重視しているところ」などと答える。

でも、こうした会社は「成長したい」というニーズと合っているのだろうか？

これは、ぼくたち大人側に責任があるのかもしれない。つまり、ぼくたちが無意識的に、若い人に対してこんなふうに洗脳してしまっているような気がする。

いまの時代、週休3日制で、ハードに働くことはせず、タイパよく効率的に働き、幸せな人生を実現していく――それが理想的なビジネスパーソンの人生である、という風潮があるように思う。なぜ、働くことを嫌なものとして、働くことを嫌いになるような文脈をつくっているんだろうか？

「成長できる会社？　なら、研修制度がしっかりしている会社かな……」と答えても、なんら非はない。そう教えられてきたんだから、それが真実だと真に受けているだけで、ただ純粋なんやと思う。

ところで、この「成長できる要素」も、少しずつ変わってきた。いまは外部の協力パートナーというかメンターというか、社内では聞けない話を聞いてくれる、「社外の味方」的な存在が必要とされる時代である。いずれにせよ、相手に成長させてもらうことを期待していては、成長できないように思う。

オーナー社長であれば、会社というのはほぼほぼ人生そのものだ。特に株を

100パーセント保有しているのであれば、会社と自分の人生がイコールになる。経営者の自己実現は会社の目標の実現と一致するから、経営者が目指すのは会社の目標となる。

経営者でなくても、会社に対してロイヤリティが高い人は会社のことを考えるが、そうでない人は基本的に自分のことしか考えていない。スキルアップのために転職する人もいるだろうし、その場所としての職業選択かもしれない（ぼくの会社はエグゼクティブクラスのキャリアコンサルティングをしているので、そういう人こそそうではない）。

「成長したい」
「成長のために、スキルを身につけるために転職したい」

——そう考える人もいるが、それは逃げであることが多い。だって、どんな会社でもやることは、ほぼほぼ一緒なんだから。ヒト・モノ・カネ——それに情報を使って、事業を成長させる方法を考える。

「できないことをできるようになりたい！」というのなら、スキルを身につけるのもアリだろう。でも、それでは会社の年商は上がらない。ビジネス界で成長している人は、そういう考え方はしない。
ここで、みなさんに考えてほしい。

Q
「成長する人」と「成長しない人」の違いはなにか？

A.

この違いについて、ぼくは、「自分のバリュー＝付加価値がつくれるようになる」という点だと考えている。

たとえば、プロ経営者と呼ばれる人なら、業種が違っても経営できる。これはひと握りの存在かもしれないが、ビジネスパーソンの最高峰だ。だったら、目指すべきはそこではないか？――こうした人にとっては、社会に役立つ会社であれば、どんな会社でもいい。

多くの人は、ビジネスゲームを勘違いしている。だから視野が狭く、自分のニーズとやるべきことが合っていない、わかっていない状態だ。

わかりやすい例が、転職時の年収を高く請求する、というパターン。優秀な人ほど、転職時に「年収が下がってもいい」と言う。実際に、そのほうが信頼されやすく、成果を上げやすいことを知っているのだ。

ビジネスの「勝ち」とはなにか？

みなさんは、スポーツをやった経験はあるだろうか？　ぼくは子どもの頃からバリバリのアスリートだ。だから振り返って、スポーツとビジネスは似ている、と思うことが多い。

とはいえ、ぼくが子どもの頃からいろいろなことが変わったと思う。かつては初心者のうちはひたすら基礎練習で、すぐにはコートやグラウンドに立たせてもらえなかった。

『SLAM DUNK』でも桜木花道はずっとコートの隅でダムダムやっているし、ぼくの場合はサッカーを始めた当初、硬式テニスボールでリフティング練習をしていた。当時のコーチ曰く「そのほうが難しいだろ」というのが理由だ。

いまは「楽しさ」を教えるのが重視されていて、プレーする楽しさを感じてもらうために、フィールドでプレーさせてもらうことが多い。少子化のせいなんやろな。

王貞治は、畳の部屋でひたすら素振りをして、伝説の「一本足打法」を生み出したという。裸足でやって、足の裏が擦り切れたらしい。まさに「血のにじむような努力」というやつだろう。

大谷翔平は、楽しんで野球に向き合っていまに至っている気がする。もちろん、大谷翔平もすさまじい努力を重ねているのだろうが、話題になった「マンダラート」からも見えるような気がするけど、科学的に野球を極めていったんやろうな――と、スポーツの世界でも時代が大きく変わったことを感じている。

スポーツでもビジネスでも、基礎力をつけるのは大事。でも、無重力な時代だからこれまでのやり方は通じなくなっている。スポーツじゃなくても、音楽界でいえば、ボイトレや楽器をひたすら練習してデビューという道だけだったのが、動画をとって公開しまくって、当たったものからデビュー、という道もある。

スポーツも、昔は学ぶものがなかったから、現場で練習するしかなかった。それが、いまや動画やネットで効率的に情報を得ることができる。これはビジネスでも同じだ。だからぼくは、「うちのビジネスは難しいから」という言葉は使っちゃいけないと思っていて、自分にも言い聞かせている。これまでは、「経営コンサルの仕事なんだから、新人にはできないやろ」と思いがちだったが、本当にそうだろうか？

情報はいろんなところに転がっている。だから、いまは「情報をとって使えるようになる練習」が必要になっている。ほかにも、正しい情報をつかむ練習とか、正しい情報に出会う練習とかもいるだろう。

必要とされるスキルはどんどん変わるから、「新人だから基礎練習」という常識は、いっぺん疑ってみたらどうだろうか？

ただし、競技によって危険度は全然違うから、そこは気をつけたほうがいい。ボートなら、最初からボートに乗って川に漕ぎ出して転覆したら命の危険がある。免許取りたての歯医者に「こんにちは！　ぼく、今日が初めての診療なんですけど、とりあえず口開けてくださいねー」と言われても、誰だって口を開けないだろう。

ぼくたちは大学を卒業したら、いきなりビジネスの世界に放り出されてしまう。それは一種の洗脳で、稼ぐことを洗脳された人はその線路をひたすら歩くことになる。

ビジネスのルールも基礎的なフィジカルも身についていないまま、誰かからしっかり教わることもなく、見よう見まねでなんとか常識を習得していく。この資本主義社会においては、「ひたすら稼げ」という面があることも否めない。

しかも、ビジネスのルールや常識は、企業や業界、組織によってさまざまだから、絶対的な正解がない。スポーツなら万国共通のルールがあるが、いまの無重力空間におけるリーダーシップは、「こうあらねばならない」がない代わりに、「こうすればいい」という羅針盤もない。

競技スポーツなら、勝ち負けがルールで明確に定義づけられているし、「勝つ」

を目標にすればいいかもしれない。でも、競技じゃないスポーツもある。散歩だってスポーツだ。「健康のために散歩をやっています」という人なら、誰かと競わなくても健康になれれば「勝ち」となる。

それに、ビジネスや人生だと勝ち負けの明確な定義がない、というのもややこしい。「勝つ」という定義は人によってまちまちで、「年収」で競う人もいれば、「立場」で競う人もいる。というか、そもそも勝ち負けを求めないで、誰とも争わないという人もいるから、「戦わない」という勝ち方もある。

たとえば、年収で勝とうとする人なら、年収が5000万円くらいになったら「買った！」と思えるかもしれないし、満たされるかもしれない。でも、収入より「幸せな家庭」を重視している人なら、たとえ年収が5000万円になっても独身だったら幸せを感じられないだろう。「年収5000万円」が一概に正解とは限らない。

アメフトではたいてい、速くてデカい奴がうまいとされている。でも、アメフトでうまい奴が新体操でもうまいとは限らない。

こんなふうに、どれを「勝ち」「正解」とするかは、人によって大きく変わる。だからぼくたちは、なにが幸せなのか、自分ですら気づいていない可能性があるのかもしれない。

ぼくのスクールに、「独立したい」という人がいた。「ぼく、なにもできないと思うんですよね」とくり返していたが、これはけっこう典型的だ。


「じゃあ、なにがそろったらできんの?」

「えーと、資金とか、人脈とかがそろったら……」

「それ、何年くらいかかる?」

「10年くらいですかね……」

「じゃあ、いまの自分の年齢に10年足してみ」

「あー、そのときにはもう勇気なさそうっすね」


——なんやねんそれ(笑)、と思う。でも、多くの人はけっこうそんなもので、みんな武器をほしがる。でも、学びながらやるという選択肢もあるし、現場で武器を集めてもいい。

ただし、これもスポーツと同じで、場合による。アメフトやボートやスカイダイビングは、「ちょっとやってみ」のスタイルだと命の危険に直結する。営業の仕事でも、何十億円の契約というすごい大きな責任を背負ってクロージングで「はい」なんて気軽に言えないだろう。

最近は、管理職になりたがらない人が多い。管理職を目指して働いてきた旧時代のオジサン社員とは、立っているフィールドが違うのに、ビジネスという広い世界で、同じ空間で働いている。価値観が多様化して、仕事に求める意味は人それぞれだ。

ぼくは、それを秘書と話していてもよく感じる。彼女にとってはビジネスで「勝つ」とか「負ける」とかはまったくなく、「楽しいか」「いまが幸せか」のほうが重要だそうだ。ぼくはずっとスポーツをやっていたから、「勝つ人もいれば負ける人もいる」というのが当たり前で、ビジネスの場もそうとらえていた。

でも、「働く」という概念のなかでは、日々の喜びを「勝ち負け」以外に求める人も多い、ということに気づいた。これによって異なる視座を得た気がする。ダイバーシティの時代だから、いろいろな面で多様化が進んでいることを感じている。

経営でも、「売り上げや組織を広げることが正しい」という幻想にとらわれた経営者がいる。でも、決してそんなことはない。

とはいえ経営者のジレンマとしては、去年に対して売り上げが下がっていたら衰退しているのか、とヤキモキする。でも、クライアントが変わったり商品やサービスのつくり方が変わったりとかの要因があれば、売り上げが下がっていても成長しているかもしれない。

上場企業でたくさんの株主やステークホルダーがいて、数字にコミットするというゲームをやっていれば話は違うけど、そうじゃない戦いもある。

年齢によっても変わる。社会人になって20代の頃は、仕事に対するモチベーションが高いかもしれない。でもそのうち30代になると家庭を持ったりして仕事以外の大切なものがもっと増えてきて、それで誰でも40代くらいになったら、「おれ、なんでこの仕事やってるんだっけ?」とか「おれは人生をかけてなにがしたいんだっけ?」と考えはじめる。ちなみに、近くにいた本書の制作チームの編集者(38歳)に聞いてみたら、「考えますね」と即答した。

Q

あなたが人生をかけてしたいことはなにか?
なぜ、それをしたいのだろうか?

A.

こういうふうにクライアントに問いかけると、「そうですねぇ、親孝行ですかね」なんて答える方もいてとても興味深いのだが、ぼくがこれを考えたとき――「そもそも、ぼく、なんで会社やってるんだっけ？」に対して出た答えは、「生き方の主張」だった。むしろ、仕事そのものが趣味みたいなもんかもしれん。自分らしく生きて、クライアントといい仕事をして、クライアントの成功確率を極限まで上げていく、史上最高のチーム創りをする。それによって社会をよくする。おもろいやん。

個人的には「このサービスしかあかん」とか「このクライアントしかあかん」とか言われると、「え？　なんで？　ほかにも支援方法あるやん？」って思うし、それってつまらんやん。

経営者としてやるべきことは、リーダーとして責任を背負うことと、社員を守ることだ。成長とか拡大とか向き合わなければならないときはあるが、会社をやっていると、会社そのものが世の中に存在する理由というのがあると思う。

ぼくの主張は、お金儲けが主目的になった会社を経営したくはない、ということだ。それが「生き方の主張」やな。

多くの人にとっては、うちの会社はどうでもいいかもしれない。でも、必要な人にとってはめちゃくちゃ必要な会社だ。だから仕事をいただくことができて、ぼくたちはそれを提供して、対価をいただいている。とすると、社会から求められる会社にならなきゃいけないな、とずっと思っているから、会社を強化して成長させよう、とは考えている。

それが、うちの会社が世の中に存在している理由で、この会社を世に産んだ責任として、この世にとって必要なものであってほしい。お客さんに対して価値のあるものを提供したい。ぼくたちは日本で唯一「ブラスト」を研究している会社で、経営や組織にモメンタムを起こすブラスターであるが、お客さんのなかにもブラスターはいるし、社会にそういうブラスターを増やしたい。

「世に産んだ責任」というのは、「意味」に近い。会社があるべき意味。その意味のために「会社の成長」がある。だからぼくにとっての「成長」は、目標ではなくプロセスなのかもしれない。

あなたの人生におけるKGIとKPIはなにか？

じゃあ、答えや勝ち負けが一律に決まっていないこの無重力な世界で、リーダーシップを発揮するにはどうすればいいのか？

「べき論」「ねば論」でガチガチに固められていた旧時代のリーダーシップは、ある意味で非常にシンプルで、簡単でラクだった。五十六さんや松下さんや稲盛さんのやり方をきっちりそのまんま真似すれば、リーダーとしての力をある程度は発揮できただろうし、組織内でリーダーとしてのスタンスも確立できただろう。

無重力な状況でリーダーシップを発揮しようと思えば、やり方は百人百様だ。サッカー初心者にいきなり「試合に出ろ」と言っても、うまくいく可能性は低い。自分の思うようなプレーはできないし、相手もいる。

とはいえ、いまは初心者でもグラウンドに立てる時代だから、それはそれでいいと思う。失敗してもヘコむことはないが、失敗する確率が大きいことは理解しておいたほうがいい。それぞれのメリットとデメリットを考えて、どっちがいいか?という話だ。

ビジネスでも、いきなり営業に出ろ、ということはあまりないが、新人が営業の現場に出れば、早々に失敗できるというメリットがある。もちろん、名刺の出し方とか挨拶とかのビジネス的なマナーをよく知らない――いわば丸腰の状態で戦うから失敗の確率が高い、というデメリットがある。

名刺の出し方くらい覚えたほうがベターだと思うけど必ずしもベストというわけではなく、最近は名刺を出さないケースも多い。確率論の話だ。

「べき論」の時代は、「こうやれば正解」「これが不正解」というのが明確に決まっていた。

ぼくの所属していた立命館大学アメフト部では、当時としては珍しく、レギュラー選手になるためKPI(重要業績評価指標)を定められていた。ポジションごとに、足の速さ

KGI（重要目標達成指標）
：Key Goal Indicator
達成すべき最終目標となる指標
KPI（重要業績評価指標）
：Key Performance Indicator
目標の達成度合いを計測・
監視するための
定量的な指標

（40ヤード走の記録）やパワー（体重比率のスコア：「ビッグ３」――スクワットとベンチプレスとデッドリフトの記録）が決められていた。たとえば、そのプロセスのなかで１日１６０グラムのタンパク質をとるとしてマネジメントされる。なお、タンパク質の摂取量は１回の食事に対して40グラムが可能なため、80キロあったぼくは朝昼晩の３食では間に合わず、１日４食べていた。

このＫＰＩはそれぞれの状態に応じて変わる。ぼくの場合、１日の摂取カロリー量は４０００キロカロリーだったが、もっとデカい選手は５０００キロカロリーが必要だった。適正なＫＰＩを設定する。そこに向かって工夫していく。スポーツでもビジネスでも、ぼくたちは正解がないなかで正解をつくっていき、そしてそこに向かって進んでいく。

Q

あなたの人生におけるゴールは？
今年のゴールは？
そのためのKPIはなんだろうか？

A.

●人生におけるゴールは？

●今年のゴールは？

●そのためのＫＰＩは？

——こんな問いを見ると、「難しそう」と本をぶん投げたくなるかもしれないが、おもしろいので試しにやってみてほしい。まずは人生のゴールを考えて、今年のゴールを考える。それを達成しようと思ったときに、ＫＰＩとなることはなんだろうか？

たとえば「健康」が最大目標なら、「ＢＭＩ値や体脂肪率」「人間ドックのスコア」という数値になるかもしれない。要は、ゴール達成に必要なプロセスを考えて、そのプロセスごとの目標を定めればいい（厳密にいえば、ＫＰＩは組織の目標を達成するうえでの指標なので、自分で実行できるものについてはあまり使わないが）。あなたがもしも「結婚」が目的なら、ＫＰＩに「彼女とのデートの回数」を設定するといいだろう。

ここで、やってはいけないＫＰＩ設定の例も出しておこう。ＫＧＩが「彼女との結婚」で、ＫＰＩを「彼女と一緒にご飯を食べて、米粒を何粒食べたか」にするのは、やめたほうがええで。「やった、今日はおれ２５００粒だった！」「なんだ、ラーメン屋行っちゃったから１０００粒だけか……」なんて一喜一憂している男とは、たぶん結婚してくれないやろ。

ＫＰＩは「自分のやるべきこと」と「達成すること」を明確にしてくれるが、実際にはＫＰＩばっかりを見ていても、そんなに楽しくない。

1月1日に「年内に彼女と結婚する」という目標を決めて、「デートは毎月5回」というＫＰＩを定めた場合を考えてみよう。論理的にいえば、このＫＰＩは「彼女との接触回数」を意味する。

そうすると、うまくいけば10か月後には50回デートをしたことになり、「だから50回デートしたらプロポーズしよう」と決めたとする。もしも30回めのデートでいい雰囲気になったとしても、「いや、50回って決めたしな……」とやめておく。これは、ＫＰＩとＫＧＩがいつのまにかひっくり返っている状態だ。「結婚」が目的のはずなのに「デートの回数を重ねること」が目的となってしまっている。すると、50回めのデートのチャンスは残念ながら来ない（もしかすると、デート時の米粒の数を数えすぎたのが問題だったのかもしれない）。

もうひとつ注意してほしいのは、無事に結婚したらＫＧＩは変わるということだ。おそらく「長く、楽しい生活を送る」とかになるだろうか。だけどここで難しいのが、結婚後のＫＰＩに「パートナーとの回数」を設定しても、たいていはうまくいかない。それじゃ、結婚後のＫＰＩになにを設定すべきか？――出版チームとそんな議論をしていたら、いつのまにか日が暮れていた。

山登りだと、途中の木に黄色のペンキが塗られていたりピンクのビニールが貼られていたりする。「正しい道はこっち！」という目印だ。登山者は、「何合目まで、何時までにつく」という計画を立てて山に入り、雲がかかって視界不良になった場合は、こういうビニールを探して正しい道を進んでいく。この場合、ペンキやビニールが方向性の道標で、山小屋が時刻のＫＰＩに当たる。

でも、せっかく山に登っているのに、山小屋に到着する時間ばっかりを気にしたり黄色のペンキやピンクのビニールばかりを追っていたりしていても、ちっとも楽しくないやろ？　山登りなんやから、美しい景色や変わりゆく風景に目を向けて楽しめばええんやないやろか。

山登りには、「あきらめる」というＫＰＩもある。山登りの最大のＫＧＩは、「無事に下山する」だ。だからエベレストの頂上で体調が悪くなったときに、「もうすこしだから気合いで登ってやる！」という人は危ない。

雲がかかって視界不良になったら、ビニールやペンキを探して進む、という選択肢もあれば、あきらめて前の山小屋に戻ってもう1泊する、という選択肢もある。「無事に下山する」というKGIをしっかり把握していれば、あきらめるという選択ができるはずだ。

ぼくがクライアントの登山部のみなさまと初めて北海道の大雪山に登ったとき、ものすごい嵐だった。かと思うと急に晴れたり、土砂降りになったりの繰り返しだった。下山して「今日は大変でしたね」と言われたのだが、ぼくは「え、最高でした」と答えた。これは社交辞令で言ったわけではない。そんな体験、日常生活ではとてもできない。そんな非日常が経験できるなんて、すごいことじゃないか？

ぼくの秘書にこの話をしたら、それまで雨の日を嫌がっていたのだが、雨を嫌がらないようになった。雨の日に外に出ると文句を言っていたのが、「思い出に残りますね」と言うようになった。たしかに、いい天気の日より、大雪で飛行機が飛ばなくなったりした日のほうが、意外と脳裏にしっかり刻まれる。これも意図を見出したからやろうな。

ある年にうちの会社で、京都で社員合宿をした。2つのチームに分けて、京都の街を自転車で回る、という内容だ。早く着いたほうが勝ち、と設定したのだが、片方のチームは「礒谷さんのいるチームに勝とう！」と意気込んで、ものすごい勢いで京都の街に消えていった。ぼくがいるほうの残されたチームは、彼らが視界から消えてから自転車を漕ぎはじめ、金箔入りのソフトクリームを舐めたりしながらサイクリングを楽しんだ。

速さでは、向こうのチームが勝っただろう。でも、道中の幸福度ではどうだろうか？「目的地に早く着こう」という目標ばかり見ていると、見落としてしまうものもある。

それにこの時代、目的が変わることだってある。だからリーダーは、そのつど目的を改めたり意味を問い直したりして、目的地をめざしていく——なんらかの目的はあったうえで、そのプロセスや体験をどうやっていいものに変えるかが、いまのリーダーに問われている。

「やった、向こうのチームに勝った、わーい！」もアリやし、「ソフトまじうまかったな」もアリやもん。ＫＰＩをただ追求するよりも、そうじゃないやりかたもある。

リーダーはメンバーに対して、「チーム優先で」と言うのか、「自分優先で」と言うのか？

多くのリーダーは、この問いを考えたことがあるのではないだろうか？――ちなみに、ぼくなら「どっちも」と答えるだろうな。そりゃそうに決まってるやん。「そんなのアリかよ」なんてみなさんの憤る声が聞こえてきそうだが、これは「トロッコ問題」にも通じる話かもしれない。

トロッコが暴走して、進行方向の線路では5人の作業員が工事をしている。このままでは5人がひかれてしまうが、このレバーを切り替えて進行方向を変えたら、その先の線路にいる作業員ひとりがひかれてしまう、さて、なにもせずに5

人が死ぬか、レバーを引いて(=自分が行動して)ひとりが死ぬか、さてどうするか
——という有名なやつだ。

よくドラマで出てくる、「仕事と私、どっちが大事なの!?」という場面もこれに近い。あ、ここでみなさんにも問いを出してみよう。

Q 恋人に「仕事と私、どっちが大事?」と聞かれたら、なんと答えるか?

A.

どっちを選ぶか——多くのリーダーは、こういうふうに二択を迫られることが多い気がする。現に、多くのリーダーシップ本は、「どっちか」を選ばせる内容が多い。

でも、これだって、「どっちも」という選択肢があってもいい。トロッコ問題なら、なんとかして脱線させたい。彼女と仕事なら、「どっちも大事」でいい。でも、そう答えたら怒られるかもしれない。これは、「お前が大事」という答えが正解として、脚本が決められているのだから。

実際のところ、「仕事」と答えたら怒られる。「お前が大事」と言っても「嘘でしょ」と言われる。ぼくなら、「なんでそんな質問をしたの？」と、質問に質問で返す。あるいは、「そうか、そういうふうに思っているんだね……」と相手の気持ちを承認したうえで、「ところでさー」と違う話にするかやな。

このトロッコ問題は物理的な話だが、思考性ならコントロールできる。だから、チームを優先するか自分を優先するかは、イコールで結ぶこともできる。

これは、ストーリーデザインの話でもある。たとえば、「チーム優先に動いていることが、すべて自分優先になる」という世界がつくれたら？――ぼくは過去、この手の話にチーム優先で動いたことによって成功体験を積み、問題解決能力が上がったと思っている。長い人生、生き抜く能力が上がる。目の前でなく、未来から見て、そちらをとってきた。

重力がガチガチに働いていると、「それ以外」の選択肢を考えられなくなってしまう。でも、力を抜いていたら「どっちも助ける」という考え方もできる。

リーダーのジレンマとしてもうひとつあるのが、「リーダーはいい人であるべきか？」という問いだ。そもそも、ここにも「べき論」が働いているのだが、それはさておき、多くの人は「自分のチームのリーダーは、やっぱりいい人であってほしい」と考えているかもしれない。でも、なかには「そんなのどうでもいい」と考える人もいる。

スポーツに「勝ち負け」を求めるか「健康」を求めるかというのと同じ話で、リーダーに見いだす意味も人それぞれで違う。だからぼくは、リーダーは「いい人」である必要はないし、そのリーダーの目的しだいだと思う。

ここに大きい岩があるとしよう。それを動かすには、同じ方向にベクトルを向けると効率的だ。これと同じで、大企業的な大きな組織を動かすときには、その場のリーダーシップを発揮する人が、「こっちに行ったほうがいいよね」と声をかけたほうがいい。すると「おれはあっちに行ったほうがいいと思ってるけど、リーダーがこっちと言うからこっちだよね」といった気持ちが働いて、組織が動く。そうじゃなければ動かないだろう。

少数精鋭の会社なら、みんなで同じ方向に力を入れなくてもいい。「おれはこっち行くから、お前はあっち」というのでもいい。そういう世界もある。

日本における学校教育では道徳として、「人々が善悪をわきまえて正しい行為をなすために、守り、従うべき模範」を教えている。生命の大切さ、心の善悪の判断という視点から、下手するとトロッコ問題の回答は「生命の数」を優先にした意思決定がなされるのかもしれない。

本来、この手の教育は、生きていくうえではとても重要なテーマでもあると思っている。だけど、点数をとるための受験戦争においては、この手のさまざまな考えはどれも正解で、ある角度から見ると不正解である、といった学習は優先されない。もっというと、その哲学的かつ心理学的アプローチは、「教科書の内容を教える」というより「視座の提供」になり、提供側の能力開発が重要となるので、実際は難しいことなんだろう。

なぜ、学校で「リーダーシップの授業」が行われないのか？

学校では「リーダーシップを発揮する人」が、重力が働いているなかで決められがちだ。

生徒会長とか学級委員とかグループの班長になる人はだいたい、頭のいい子だったりスポーツができる子だったりハキハキしている子だったりと、タイプが決まっていることが多い。他薦であれば、「〇〇くんとかかな」「〇〇ちゃんがいいと思う」といったように、おそらく「リーダーっぽい人」のイメージが固まっているからではないだろうか。

考えてほしい。みなさんはこれまで、リーダーシップについて学校で教えてもらったことはあるだろうか？

残念ながらそういう機会は、いまの日本ではあまりない。あるとしたら、クラブ活動などで顧問やコーチがキャプテンに対し、「おい、キャプテンは誰よりも○○せなあかん」とか、「おまえがいちばんはじめに来てグラウンド整備しないと、後輩がついてこないやろ」とか、そういうふうに「リーダーシップ」を教わる瞬間はあるだろう。

でも、学校教育では普通、習わない——それは、文科省の「学習指導要領」の改訂が10年に1回であること、リーダーシップ論に特化するスペシャリストがいないこと、教員自身がリーダーシップを教えられるようにすることの難度の高さ、といった理由からだ。

そして現実には、文科省から「完了しなければならないカリキュラム」がびっちり決まっていて、それを達成することが優先KPIになっているから、リーダーシップなんてカリキュラム外のことに時間を割く余裕がないのかもしれない。「人として、やっぱりリーダーシップを教えたほうがいいわな！」という熱い先生もいるだろうが、わざわざ動く余裕もないというところだろう。

それに先生は、「挑戦する」よりも「失敗しない」を重視している、ということもあるかもしれない。なにか落ち度があれば、すぐにクレームがきてSNSで晒される時代だから仕方のない面はある。

ぼくは、この「無重力リーダーシップ」というタイトルの本が、自らのリーダーシップを見直す機会になってほしいと思うし、誰かのリーダーシップに対して、新たな視座というか、引き出しを増やすきっかけになってくれるとうれしい。

そのうえで、「生きるとはなにか？」「幸せとはなにか？」——そんな、ＡＩでは手に入らない、人間にしか手に入らない「意味」を手にしてほしい、と心から願っている。それが、ＡＩ時代のリーダーシップ論なのではないか、と思う。

さて、『無重力リーダーシップ』もそろそろ終わりだが、読む前といまとで、みなさんのなかに、なにかしら考え方の変化が起こっただろうか？ あなたはこの本を読んだことで、あなたの人生にどんなご利益をもたらすことができるだろうか？ みなさんがページを読み飛ばしてここまで至っていないことを切に祈っている。

＊

いざ、「無重力リーダーシップ」の世界へ——ぼくはこの本のはじめのほうで、こんなふうに書いた。いまや、人類が月旅行に行ける時代になった。旅というのは「非日常」だから、誰でもいつか「日常」に戻るときがくる。もしもみなさんが宇宙に行って、無重力空間をふわふわ漂って楽しんでも、地球に戻れば、また重力にガチガチに縛られた日常に戻ることになる。

でも、いちど無重力を体感したら、その楽しさを忘れることなんてできるだろうか？

この「無重力リーダーシップ」の世界は、概念が違う。無重力リーダーシップの旅から帰ってきたら、あなたの日常はきっと、もっとおもしろくなっているだろう。

最後に問いを送ろう。次の問いに、いまならすぐに答えられるだろうか？

Q

AI時代のリーダーシップとは、［　　　］である。

「はじめに」の問いに対して書いた解答と、右の解答を比べてほしい。みなさんの答えを、ぜひぼくまで送ってほしい。できれば、アマゾンのレビュー欄にコメントしてほしい。

同じ答えを書き込んだり、どうしても書けなかった人へ――それはみなさんの問題だ。そのときは、もういちどこの本をはじめから読み直してほしい。ぼくは何度でもお付き合いしよう。

おわりに

無重力リーダーシップのアプリをダウンロードすれば、人生はもっと楽しくなる

ぼくは仕事柄、約150社の経営チームに入っていろいろな経営者の方に会い、いろいろなリーダーを見てきた。そういえば、ある経営者には「礒谷さんって、いろんな会社と経営者を見られるからいいですね」と言われたことがある。

ときには、「え、こんなやり方でチームをまとめちゃうんだ」と驚いたことも多い。でも、自分の知らなかったやり方、「こういうリーダーシップもあるんだな」と気づくのは、すごくおもしろい。

たとえば、徹底的に細かく行動管理するタイプもいたし、現場のリーダーにすべてまかせるというタイプもいた。「部下を教え込む」というタイプのリーダーもいたし、「現場で学ばせる」というリーダーもいた。「人を動かすにはしくみや構造を変えろ」というリーダーもいたし、ベンチャー企業で少数精鋭で現場の最前線に立ちつづけて、飲み会では部下と肩を叩いて笑い合い、「お前らサイコーだぜ」と抱き合って帰る、というリーダーもいた。

それぞれのリーダーシップ論が違っていて、それぞれのやり方がある——だからぼくは、「あ、リーダーシップってアプリみたいなもんなんだな」と思うようになった。

この本を読んでいるみなさんは違うかもしれないが、「リーダーなんてめんどい」と考える人もいるだろう（もしかすると、めんどくさいけどリーダーを任されたから、本屋でなんとなくこの本を見つけてしかたなく読んでいる、という人もいるやろうか）。それに対する答えではないが、ぼく自身はいま、リーダーをやっていて面倒くさいと思ったことはない。なんならすごく楽しい。

いろいろな問題に直面して、自分の力だけで解決しようと思ったらたしかに面倒くさいんやけど、リーダーシップのアプリをダウンロードしてあるから、それで解決していく。

アプリをたくさんダウンロードしておく。アプリをダウンロードしておくだけで満足する人もいるが、ぼくはそれを使い倒す。すると無重力な空間の中でも、好きに、自由に動くことができる。

こう聞いたからといって、スマホでアプリストアを開かないでほしい。そこにみなさんの求めるものはない。このアプリをインストールするためのヒントは、この本にたくさんちりばめたつもりだ。

スマホだって、なにもアプリを入れなければ、電話とメールしかできない。なんならガラケーで充分だろう。みなさんはどうだろうか？　電話とメールしかできないガラパゴス状態になっていないだろうか？

とりあえず、ものは試しに、本書を閉じたらまずはリーダーシップのアプリをダウンロードしてみてほしい。具体的には、ふだん話さない人に話しかけてみたり、ごはんに誘ってみたり、会社に行く道を変えてみたりしてほしい。この本を読んだいまなら、見えるものや感じることが変わっているはずだ。そしてその経験は、あなたがいずれリーダーシップを発揮するときに、なんらかの役に立つだろう。

このアプリは、気に入らなかったら消して、ほかのアプリを入れればいい。どんどんためておけば、そのうちに自然と使うタイミングがきて、「入れといてよかった！」と思うかもしれない。

ぼくたちの社会はどんどん進化している。人類は宇宙に飛び出したし、DXが進んでデジタルの世界へと行動の範囲がどんどん広がっていく。

iPhoneのストレージ容量は、発売当初はわずか4ギガだったが、だんだん増えていった。いまやiPhone15 Proなら1テラだ。それと同じく、人間の容量もどんどん増えていると思う。

そういえば、現代人が1日にインプットする情報量は、江戸時代の人の1年分に相当するらしい。そう考えると、ものすごい速度で人間の脳も進化していて、アプリを入れる準備ができているのかもしれない。

もしもみなさんが、どこかのタイミングで壁にぶち当たったら、いまのOSをアップデートすればいい。そうすると自分の容量も増えるし、新しいアプリを入れられるだろう。

最後まで読んでいただき、ありがとうございました。ぼくは、この「無重力リーダーシップ」というタイトルの本によって、自らのリーダーシップを見直す機会になってほしいと思うし、誰かのリーダーシップに対して、新たな視座というか、引き出しを増やすきっかけになってくれるとうれしいです。そのうえで、「生きるとはなにか？」「幸せとはなにか？」――そんなAIでは手に入らない、人間にしか手に入らない〝意味〟を手にしてほしいと心から願っている。それがAI時代のリーダーシップ論なのではないかな、と。

出版にあたって、小早川社長はじめ、クロスメディア・パブリッシングの出版プロジェクトメンバーのみなさま、弊社の副社長でもあり教育研修プログラムの開発をしてくれている溝口、外資ハイキャリアというブランドから、自分が生きる意味を見つけて弊社に副社長としてジョインしてきた野里、アシスタントとして長年、ぼくにはない視座を提供してくれている小楠、そして相談にのっていただいたHR業界のみなさま、リード・イノベーションのメンバーたち、家族一同。ならびに、長年、クライアント（むしろ、ビジネスパートナーとしての同志）としてぼくとは、異なるリーダーシップスタイルを目の前で見せていただいている経営者のみなさま、リーダーのみなさまに、この場で心から感謝申し上げます。

たった一度、お互い100年ほどの人生のなかでご一緒できたのは、当たり前ではないことだと思います。いままでも、これからもきっと、ぼくらは楽しいこと、うれしいこと、つらいこと、悲しいことがあると思います。それらすべての経験が、未来の自分を創っていきます。

あなたという生命体がこの地に生きているのは、きっと意味があり、あなたの存在は、誰かの人生のためになっています。あなたらしいリーダーシップを見つけて、ちょっとだけでいいので、力を抜いて、楽しく使っていきましょう。

2024年2月　株式会社リード・イノベーション代表取締役　礒谷幸始

装　丁　三森健太（JUNGLE）
DTP　西原康広
編集協力　ブランクエスト

『無重力リーダーシップ』をお読みいただいたみなさんへ

AI時代、リーダーシップは、
もっと気軽に。もっと楽しく。
著者・礒谷幸始の発信もぜひご覧ください

＼礒谷幸始のSNSはコチラ／

X（旧Twitter）

Note

［著者略歴］
礒谷幸始（いそや・ゆきはる）
株式会社リード・イノベーション代表取締役

1981年、千葉県生まれ。私立江戸川学園取手高校から立命館大学経営学部へ進学。大学時代はアメリカンフットボール部に所属し、主将としてチームを大学史上初の日本一に導く。卒業後は日本アイ・ビー・エム株式会社に入社し、営業活動をしながら社会人アメフトXリーグ1部所属IBM BigBlueのキャプテンとして常勝チームへと成長させる。営業マネージャー、アメフトチーム創りの経験から、人や組織を成長させることに興味を持ち、その後は人事としてエンターテイメント企業、東証1部飲食チェーン企業の人財開発部門のGMを務め、飲食チェーン企業では2年間でエントリー数を5倍以上にするなど、採用難易度の高い業界で次々と採用を成功させる。2015年に株式会社リード・イノベーションを設立し、代表取締役に就任。150社以上のクライアント企業の幹部メンバー達と対峙した実績をもとに、クライアントと向き合いながら自社の史上最高のチーム創りも研究。同時にベンチャーキャピタリストとして、成長ベンチャー企業の支援を行っている。著書に『1万人を面接してわかった上位5%で辞めない人財を採る方法77』（プレジデント社）がある。

無《む》重力《じゅうりょく》リーダーシップ

2024年4月1日　初版発行

著　者　礒谷幸始

発行者　小早川幸一郎

発　行　株式会社クロスメディア・パブリッシング
〒151-0051 東京都渋谷区千駄ヶ谷4-20-3 東栄神宮外苑ビル
https://www.cm-publishing.co.jp
◎本の内容に関するお問い合わせ先：TEL（03）5413-3140／FAX（03）5413-3141

発　売　株式会社インプレス
〒101-0051 東京都千代田区神田神保町一丁目105番地
◎乱丁本・落丁本などのお問い合わせ先：FAX（03）6837-5023
service@impress.co.jp
※古書店で購入されたものについてはお取り替えできません

印刷・製本　株式会社シナノ

©2024 Yukiharu Isoya, Printed in Japan ISBN978-4-295-40941-0　C2034